T0402368

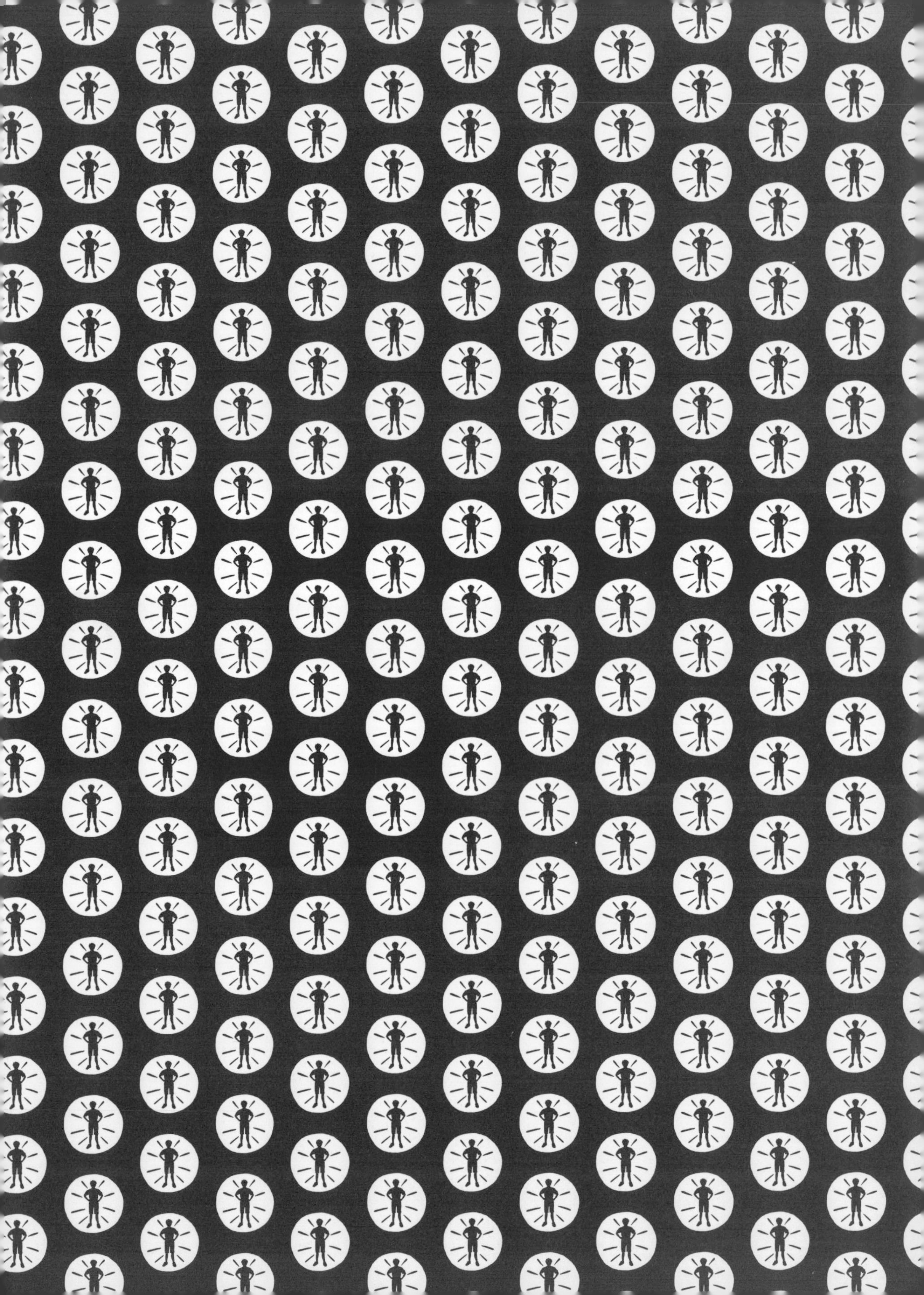

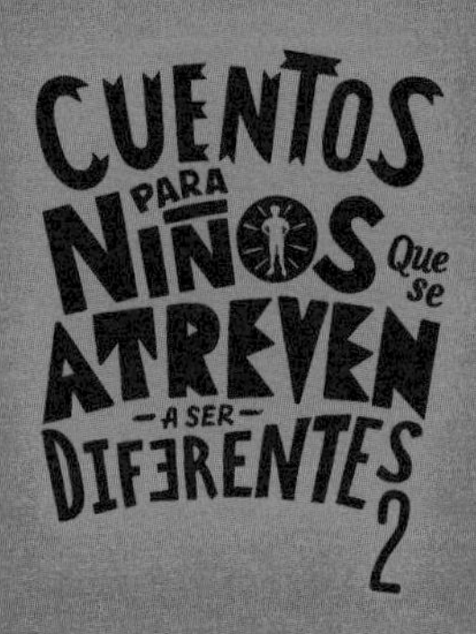
CUENTOS
PARA
NIÑOS
Que se
ATREVEN
A SER
DIFERENTES
2

Cuentos para niños que se atreven a ser diferentes 2
Más historias verdaderas de chicos asombrosos que cambiaron el mundo sin matar dragones

Título original: *Stories for Boys Who Dare to be Different 2*
Publicado por acuerdo con Quercus Editions Ltd, una compañía de Hachette UK.

Primera edición: octubre de 2019

www.megustaleer.mx

ISBN: 978-607-318-672-8

Impreso en Eslovenia – *Printed in Slovenia*

CUENTOS PARA NIÑOS QUE SE ATREVEN A SER DIFERENTES 2

MÁS HISTORIAS VERDADERAS DE CHICOS ASOMBROSOS QUE CAMBIARON EL MUNDO SIN MATAR DRAGONES

Ben Brooks

ILUSTRADO POR QUINTON WINTER

AGUILAR

ÍNDICE

AARON FOTHERINGHAM

(NACIÓ EN 1991)

Aaron nació con una enfermedad llamada espina bífida, es decir, su columna no se desarrolló de forma correcta. A los dos meses lo adoptaron y sus nuevos padres estaban preocupados por los problemas que le traería esta condición física.

Muy rápido descubrieron que no era un obstáculo para él. Lo encontraban deslizándose de cabeza por las escaleras o saltando por los corredores en sus muletas, usando una capa. Incluso escribió un cómic sobre un superhéroe llamado Crutch Boy (Niño Muleta).

Cuando quedó claro que los brazos y piernas no podrían sostener su cuerpo, pasó de las muletas a una silla de ruedas.

Aaron tenía un hermano mayor que pasaba largas tardes en una pista de patinaje. Muchas veces iba a verlo. Un día, unos chicos le sugirieron lanzarse de una rampa en su silla de ruedas.

Claro, Aaron cayó y se golpeó en el piso de concreto. Pero fue tan emocionante que se levantó y lo hizo de nuevo. Y otra vez. Y otra vez.

La silla de ruedas no estaba diseñada para ser estrellada en un parque de patinaje. Así que se rompió casi de inmediato. Sus amigos juntaron dinero suficiente y mandaron construir una silla de ruedas deportiva que soportara todos los giros, movimientos y *aerials* que Aaron planeaba hacer.

El 13 de julio de 2006, Aaron aterrizó el primer salto mortal hacia atrás en silla de ruedas ¡del mundo! Cuatro años después, ¡completó con éxito el primer salto doble mortal hacia atrás!

Aaron demostró que la silla de ruedas no se interpone en su camino, más bien le ayuda a lograr cosas que nunca hubiera soñado de otra forma. Dice que no está "en" silla de ruedas, sino "sobre" ella. Igual que un surfista en una tabla o un patinador en una patineta.

Aaron les dijo "con permiso" a las megarrampas de 15 metros y saltó enormes distancias. También convirtió su pasión en un deporte: el WCMX (*motocross* en silla de ruedas por sus siglas en inglés), que transforma las vidas de jóvenes en todo el mundo al mostrarles lo que sí pueden hacer en lugar de señalar lo que no.

AKRIT JASWAL

(NACIÓ EN 1993)

Un día, en la India, una niña sufrió un accidente y se quemó la mano de forma horrible. Durante los siguientes cinco años, sus dedos se fusionaron. Los padres no sabían qué hacer, vivían en medio del campo y no tenían dinero. Su única esperanza era un pequeño de siete años que vivía en un pueblo cercano... se llamaba Akrit.

La gente decía que Akrit era un genio: al año ya hablaba y a los cinco años leía obras de Shakespeare y libros de texto médicos. Se rumoraba que había pasado la mayor parte de su infancia observando a los cirujanos en el hospital local.

Así que los padres llevaron a su pequeña a ver a Akrit. Aunque la posibilidad de lastimar a la niña de forma accidental era aterradora, no había otra opción. Akrit, a su corta edad, realizó con éxito la cirugía, separó los dedos y salvó la movilidad de la mano. Los videos de la operación se difundieron por internet.

A los 12 años lo admitieron en la escuela de medicina. De inmediato se enfocó en encontrar una cura para el cáncer.

Algunas personas se preocupan porque consideran que mucha atención concentrada en una persona joven es perjudicial. El talento de Akrit no llegó sin un costo. Después de pasar años luchando para que su hijo obtuviera reconocimiento y oportunidades, el padre de Akrit se agotó y abandonó a la familia. Tener un hijo tan precoz puede ser demasiada presión para los padres. ¿Cuál será la mejor forma de ayudarlos a crecer? ¿Enviarlos a la universidad donde serán más jóvenes que nadie? ¿O mantenerlos en una escuela regular, donde se aburrirán? Muchas veces, ser tan diferente dificulta el encontrar un lugar para encajar.

Pero al final, Akrit lo logró. Tiene 26 años y estudia bioingeniería en la ciudad de Kanpur. Todavía busca una cura para el cáncer y cree que es posible con la terapia génica oral. Akrit no abandonará el sueño que tuvo desde la niñez.

AMROU AL-KADHI

(NACIÓ EN 1990)

A Amrou no le gusta que le digan "él" o "ella". Al principio, es un poco confuso para las personas que no están acostumbradas, pero evitar estos pronombres ayuda a quienes no se sienten cómodos con un género definido.

Amrou prefiere que le digan *them* y *they* porque son los pronombres neutros en inglés. En español no se usan tanto, aunque tenemos "ello" y "elle". "Es agradable, como un baño calientito", dice. "Cuando me hablan así, siento que la gente me escucha y me ve, no por ser un 'hombre', sino por ser yo."

Muchas veces, Amrou se sintió ignorade. Mientras crecía, sus padres le decían que su forma de caminar y su voz no eran las de un hombre. Su religión provocó un gran miedo a que su hijo fuera diferente. Le prohibieron cualquier cosa brillante o emocionante y, claro, se ponían furiosos si le sorprendían viendo algo relacionado con ser gay.

Amrou encontró escape en dos lugares diferentes. El primero fue el escenario, donde podía enterrarse en un papel y convertirse en otra persona. El segundo fue la pecera, pegaba su rostro al vidrio y vislumbraba un mundo lleno de criaturas fantásticas y hermosas que, de alguna manera, parecían extrañas y sabias.

Se esforzó mucho y consiguió una beca, lo cual significó salir de casa y tener algo de libertad. Entonces empezó a actuar como *drag queen*, con el nombre de Glamrou, y también en una compañía llamada Denim. Ser *drag* significó vestirse con pelucas ostentosas, maquillaje extravagante y atuendos llamativos. También controlar cómo le veían y liberarse de las ideas tradicionales de género. Pronto, Amrou actuaba para cientos de estudiantes universitarios.

Después de la universidad, actuó en espectáculos que se llenaban por completo, protagonizó películas, escribió programas de televisión y publicó un libro sobre su vida titulado *Unicornio*.

A veces, mientras actúa como *drag queen*, Amrou se imagina en una pecera. Aunque está separade de los asistentes, éstos le brindan una ventana a un mundo nuevo y brillante, un mundo que ofrece valor a los que todavía no descubren quiénes son.

ANDRE AGASSI

(NACIÓ EN 1970)

El padre de Andre era un ex boxeador olímpico decidido a convertir a su hijo en un campeón mundial de tenis. Para Andre, esto significó horas y horas de prácticas agotadoras. Le gritaba, lo hacía entrenar todo el tiempo y muchas veces faltó a la escuela por eso.

Funcionó. Andre se convirtió en jugador profesional a los 16 años. A los 25, era el número uno del mundo.

Pero luchaba por ser él mismo. Sentía que estaba viviendo una vida que no había elegido, que todo esto no tenía sentido ni propósito. Sólo dos años después, se fue para abajo hasta el puesto número 141 del mundo.

Sabía que para motivarse necesitaba más que sólo la posibilidad de ganar un partido de tenis. La idea de llegar a ser tan exitoso que pudiera brindar educación a los niños desfavorecidos se convirtió en la fuerza impulsora detrás de su juego. Quería darles una opción a todos los que no la tenían.

Se levantó de nuevo y logró colocarse en el número uno. Durante un total de 101 semanas, Andre fue el mejor jugador de tenis en el mundo.

En 2006, a los 36 años, Andre jugó su último partido. Fue un torneo difícil: su tobillo estaba muy mal y su espalda amenazaba con rendirse. Después de que su oponente, Benjamin Becker, le hizo un *ace* en el centro de la cancha, Andre se sentó y lloró. El público gritó, aplaudió y lloró.

Entonces, Andre se puso de pie, tomó el micrófono y habló:

"El marcador dice que perdí hoy, pero no dice lo que descubrí".

Desde ese día, se enfocó en desarrollar escuelas para niños. Hasta la fecha, ha ayudado en la construcción de 79 escuelas y en la educación de 38 mil niños. Una vez dijo que no pudo escoger su vida, pero eso no significó que no pudiera ser dueño de ella.

ANTOINE DE SAINT-EXUPÉRY

(1900–1944)

Un piloto se estrella en medio del desierto del Sahara. Su avión queda destruido y sólo tiene agua suficiente para durar ocho días. Luego conoce a un pequeño príncipe cuyo hogar es un asteroide llamado B 612. Juntos hablan de la vida, la amistad y la tristeza de perder las cosas que aman.

Ésta es la historia de *El principito*, un libro escrito por Antoine de Saint-Exupéry en 1943.

Antoine era un piloto de combate. Desde niño estuvo obsesionado con los aviones: a su bicicleta le ponía alas formadas con sábanas y palos y pedaleaba con todas sus fuerzas, tratando de elevarse.

Para pilotar un avión real, Antoine se unió al ejército francés. Tuvo muchos accidentes en sus viajes de ida y vuelta entre las montañas de los Andes y el desierto del Sahara, entregando el correo.

A pesar de estar en constante sufrimiento, escribió *El principito*, inspirado en incidentes como la vez que se estrelló en un desierto y vagó durante varios días sólo con un termo de café y una barra de chocolate.

Antoine piloto un avión de combate en la guerra contra Alemania. Muchas veces, leía y escribía mientras volaba. Incluso una vez, dio una vuelta sobre el aeropuerto durante una hora sólo para terminar el libro que estaba leyendo.

Un año después de la publicación de *El principito*, el avión de Antoine desapareció sobre el océano. Los restos se encontraron en el año 2000, aunque su cuerpo nunca lo hallaron. ¿Qué le pasó a Antoine? Nadie lo sabe, sigue siendo un misterio.

El principito fue traducido a 250 idiomas y vende 2 millones de ejemplares cada año. En el libro, el príncipe le dice al piloto que un día mire al cielo nocturno y se acuerde de él, porque estará allí, viviendo en una estrella. En la actualidad, un asteroide lleva el nombre de la casa del principito, B 612, y otro se llama Antoine de Saint-Exupéry.

ĀPIRANA NGATA

(1874–1950)

En el siglo XIX, cuando los europeos blancos empezaron a colonizar Nueva Zelanda, los maorís llevaban más de 800 años viviendo ahí. Los recién llegados trajeron enfermedades y lucharon con los nativos por la tierra.

A medida que llegaban más colonizadores europeos, la población maorí comenzó a reducirse. Parecía que su lenguaje y modo de vida estaban en peligro de desaparecer. Āpirana se propuso cambiar esto.

Nació en la pequeña ciudad de Kawakawa y tuvo 14 hermanos. Recibió una educación maorí tradicional y hablaba la lengua nativa. Pero su padre, un líder tribal, creía que para que su gente floreciera debía aprender a convivir con los recién llegados. Āpirana fue el primer maorí que terminó la licenciatura en una universidad de Nueva Zelanda.

Āpirana se convirtió en un líder respetado. Las personas buscaron su guía y consejo cuando los colonos blancos rompieron los términos de un tratado que habían firmado muchos años antes.

En la política, se pronunció en contra de los intentos del gobierno por vender tierras maorís. También pidió apoyo para las artes tradicionales.

Pero a veces, Āpirana chocaba con la tradición. Apoyó un proyecto de ley gubernamental que reemplazaría a los curanderos tradicionales con médicos modernos.

En el centenario del tratado firmado entre los maorís y los colonizadores blancos, Āpirana se puso de pie y pronunció un discurso: "Las tierras se fueron, el poder de los jefes se humilló, la cultura maorí se dispersó y se destruyó. ¿Qué quedó de todas las cosas buenas que se dijeron hace 100 años?"

Nunca dejó de luchar por la supervivencia de su gente y, por esta razón, Āpirana es considerado por muchos como el más grande maorí de todos los tiempos.

Gracias al valiente trabajo de personas como Āpirana, el gobierno de Nueva Zelanda tomó medidas para compensar a los maorís y creó proyectos para preservar y fomentar su cultura.

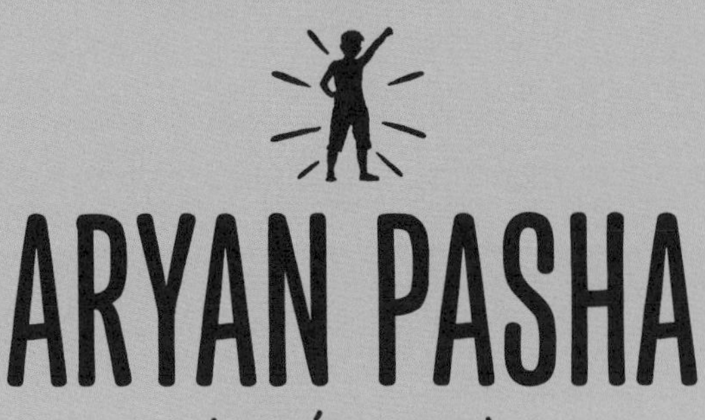

ARYAN PASHA

(NACIÓ EN 1991)

Aryan nació en la India y recibió el nombre de Nayla. Aunque su cuerpo era el de una niña, sabía que no iba de acuerdo con la forma en que se sentía por dentro. A los seis años, Aryan les dijo a sus padres que no iría a la escuela a menos que usara el uniforme de los niños. Aceptaron y, pronto, sus amigos lo reconocieron como un niño.

Aun así, las cosas eran difíciles. Le encantaba el patinaje sobre hielo, pero tenía que competir junto a las chicas y se sentía fuera de lugar. Prefería usar los baños de los niños, pero debía tener cuidado si alguien lo interrogaba. Además, en la escuela le hacían bullying y lo amenazaban.

Conforme crecía, su madrastra (que había estudiado psicología) notó que se sentía solo, enojado y deprimido. Le habló sobre las personas transgénero: le explicó que, a veces, la gente nace con una cabeza y corazón que no coinciden con el género de su cuerpo. Aryan se sintió aliviado de comprender su situación y saber que no era algo que sólo le pasaba a él.

Pero las cosas no mejoraron en la escuela y pronto abandonó los estudios. A los 18 años, tuvo varias cirugías que transformaron su cuerpo de mujer a hombre. Los cambios lo hicieron mucho más feliz que nunca. Por fin tenía un cuerpo acorde a la forma en que se sentía por dentro. Se cambió el nombre a Aryan.

Se tituló como abogado y trabajó para una organización que lucha por los derechos de las personas lesbianas, gays, bisexuales y transexuales (LGBT) en India. En 2014, se aprobó una ley en India que otorga a las personas transgénero los mismos derechos que a todas los demás. Parte del trabajo de Aryan es asegurarse de que esa ley se cumpla.

En la actualidad, Aryan pasa mucho de su tiempo haciendo fisicoculturismo. Le da confianza y le ayuda a sentirse como en casa dentro de su cuerpo. Pronto, abrirá una cadena de gimnasios para ayudar a otras personas a sentir lo mismo.

AUGUSTE ESCOFFIER

(1846-1935)

Auguste nació en Villeneuve-Loubet, un pueblo cálido y tranquilo situado entre un castillo medieval en el sur de Francia y el mar Mediterráneo. A los 13 años lo enviaron a trabajar al restaurante de su tío en Niza.

Auguste estaba emocionado por la alegría de cocinar, pero molesto por las condiciones en la cocina. El calor era asfixiante, el ritmo implacable y todo el tiempo los chefs acosaban al personal. A pesar de la presión, Auguste sobresalió y demostró ser un experto en equilibrar sabores de maneras nuevas y deliciosas.

Su carrera quedó en suspenso cuando estalló la guerra. El ejército lo reclutó y pasó cuatro años calentando alimentos enlatados para oficiales. Cuando la guerra terminó, viajó a Estados Unidos.

En Monte Carlo, Auguste conoció a César Ritz. El Hotel Savoy de Londres los invitó a trabajar en su restaurante y, juntos, lo convirtieron en un nombre conocido en todas partes por ser uno de los mejores del mundo.

Auguste cocinó para el rey Eduardo VII, Kaiser Wilhelm II y una cantante de ópera llamada Nellie Melba.

Justo para ella creó uno de los platillos por el que se le recuerda en la actualidad: el Durazno Melba, un postre hecho con duraznos cocidos, salsa de frambuesa y helado de vainilla.

Una vez que Auguste estuvo a cargo de su propia cocina, se aseguró de que la vida del personal fuera diferente a la de cuando era un niño. Prohibió la cerveza, los gritos y detuvo el bullying.

En una época en la que los chefs de todo el mundo adornaban su comida con decoraciones inútiles y servían un sinfín de tiempos con creaciones extrañas y elegantes, Auguste ofrecía comida sencilla, abundante y muy bien cocinada. Escribió muchos libros que en la actualidad son consultados por chefs de todo el mundo y estableció una serie de proyectos caritativos para alimentar a los pobres.

Auguste creó la cocina moderna. Trajo alegría a las vidas de todos los que tuvieron contacto con su comida.

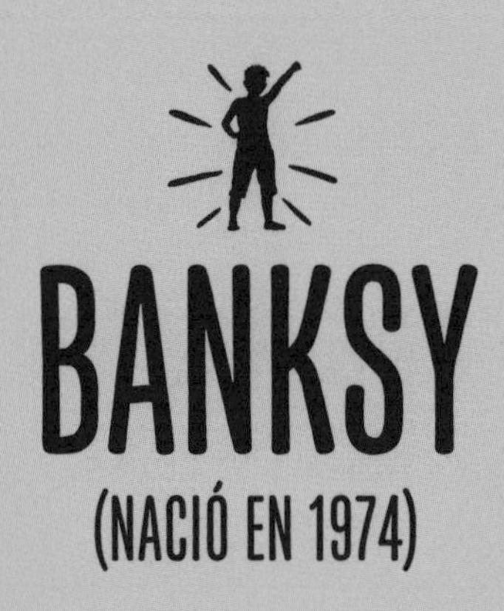

BANKSY

(NACIÓ EN 1974)

Algunas personas piensan que es un músico famoso. Otras que es un grupo de siete artistas que trabajan juntos. La mayoría de la gente cree que es un chico de una pequeña ciudad cerca de Bristol. Pero nadie lo sabe a ciencia cierta.

Sólo sabemos que las obras de arte de Banksy aparecieron en las paredes de los edificios de Bristol durante la década de los noventa. Eran imágenes sorprendentes, extrañas, antiguerra y contestatarias. En una de ellas, una niña observa cómo se aleja su globo con forma de corazón. En otra, un amotinado arroja un ramo de flores.

En el zoológico de Londres, Banksy encontró la forma de trepar en el espacio de los pingüinos y, en las rocas de adentro, pintó con spray: "Estamos aburridos de tantos peces". En el muro que separa a Israel y Palestina, dibujó una grieta y pintó una isla tropical y dos niños jugando con cubos y palas.

Después de que una enorme pintura de un hombre colgado de una ventana apareciera en el consultorio de un médico en Bristol, se llevó a cabo una votación sobre si mantenerla o no: 97% de los habitantes votó para que se quedara.

Su trabajo pasó de ser visto como vandalismo a un arte valioso. La gente compraba copias de su trabajo por miles de libras. Banksy usó esto para ayudar a otros. Cuando una escuela en Bristol nombró uno de sus edificios con su nombre, los alumnos descubrieron un Banksy original en la pared después de las vacaciones. Cuando un club juvenil en Bristol estaba a punto de cerrar, el artista realizó una obra sobre él y la vendieron en 400 mil libras (casi 10 millones de pesos), más que suficiente para mantenerlo en funcionamiento durante años.

A Banksy no le importa mucho el mundo del arte tradicional. Cuando una de sus pinturas se vendió por un millón de libras en una subasta, una trituradora secreta integrada en el marco del cuadro la destruyó delante de todos, dejando al comprador con unos cuantos pedazos de papel.

A través de una forma ilegal de arte, Banksy restituyó algo a las comunidades de manera inesperada, alegró las vidas de las personas y llevó la emoción a las calles de todo el mundo.

CLOSED
Library
OPEN

BART WEETJENS

(NACIÓ EN 1967)

Desde niño, Bart amaba las ratas. Las tenía como mascotas y se divertía entrenándolas para buscar dulces. Jamás imaginó cuántas vidas podría salvar su extraña pasión.

Un día, cuando estudiaba en la Universidad de Amberes, Bart vio un documental sobre el horroroso número de muertes causadas por las minas terrestres residuales y cómo, años después de que terminan las guerras, siguen activas en el suelo, disfrazadas de rocas o plantas, a la espera de ser pisadas por civiles desprevenidos. Desde 1975, más de un millón de personas ha muerto de esa manera. Se estima que 100 millones de minas terrestres permanecen dispersas en todo el mundo.

A Bart se le ocurrió una idea: ¿y si entrenaba a sus queridas ratas para olfatear minas terrestres como si fueran dulces?

Entonces, se creó APOPO (Desarrollo de Productos de Detección de Minas Terrestres Antipersonas por sus siglas en holandés). La investigación comenzó en Bélgica y luego se trasladó a Tanzania, África. Pronto descubrieron que usar ratas era mucho más rápido para detectar minas terrestres que cualquier otro método. Además, como eran tan pequeñas, podían pararse en las minas sin detonarlas.

Bart también descubrió que las ratas detectaban la tuberculosis con más precisión que con cualquier otro método. En los países en desarrollo, la tuberculosis es un gran problema porque causa la muerte de casi 2 millones de personas al año. Las ratas descubrieron 40% más casos de la enfermedad que las pruebas tradicionales.

"Hay un sistema de alerta poderoso y salvavidas en la nariz de las ratas... Aun después de 20 años trabajando con ellas, me sigue asombrando lo que pueden hacer."

Bart cambió la opinión de muchos pueblos africanos: antes veían a las ratas como plagas y ahora como amigas útiles. Esto complace mucho a Bart, quien, como sacerdote budista zen, tiene un gran respeto por todas las formas de vida.

APOPO sigue creciendo y extendiéndose, ayudando a más personas en todo el mundo. Los simpatizantes apoyan a la organización adoptando ratas héroe (que van a salvar vidas).

BISI ALIMI

(NACIÓ EN 1975)

Es extremadamente peligroso ser gay en Nigeria. Te pueden mandar a prisión por años, incluso sentenciarte a muerte. Por eso casi ningún nigeriano es abiertamente gay. En 2004, Bisi se convirtió en el primero en declararse abiertamente gay en la televisión nigeriana.

Bisi era actor en un programa popular y varias personas que sabían sobre su sexualidad lo amenazaron con usar esa información en su contra. Bisi decidió tomar el control antes de que la declaración lo agarrara por sorpresa.

Le costó todo.

Mataron a su personaje de inmediato, nadie le dio trabajo y fue sometido a años de cruel discriminación. Salir de casa se convirtió en un gran riesgo. Bisi encontró formas de involucrarse en trabajos de divulgación, tratando de educar a los hombres gays sobre los peligros del VIH. Pero Nigeria ya no era segura para él.

Una noche, un grupo de hombres irrumpió en su casa. Los torturaron (a él y a su novio). La única forma de sobrevivir era huyendo del país.

En 2009, Bisi recibió asilo en Gran Bretaña, donde vive desde entonces. Obtuvo un título universitario, trabajó para varias organizaciones benéficas y creó su organización: la Fundación Bisi Alimi. Su objetivo es contar las historias de lesbianas, gays, bisexuales y transexuales (LGBT) en Nigeria, presionar a los empleadores y políticos para que les abran sus corazones y llamar la atención del mundo sobre lo dolorosa que es la vida para los homosexuales. Bisi no pierde la esperanza de hacer una diferencia.

"Soy un prisionero de la esperanza... Creo que como seres humanos nos transformamos. Creo firmemente que Nigeria va a cambiar."

BRASSAÏ

(1899-1984)

Cuando tenía tres años, Brassaï y su familia se mudaron de Hungría a París durante un año. La ciudad le robó el corazón al niño.

Por fin, a los 25 años, se mudó allí para nunca irse. Todo el francés que hablaba lo aprendió al estudiar los libros largos y de ensueño de Marcel Proust.

Era la década de 1920 y París estaba llena de escritores y artistas; pasaban la noche entera discutiendo en cafés y todo el día trabajando en libros y pinturas. Al principio, Brassaï trabajó como periodista. Deambulaba por las calles hasta altas horas de la noche, buscando historias y tomando fotografías para acompañar sus artículos.

Luego empezó a tomar fotografías para sí.

Más que nada, Brassaï quería capturar la belleza de su amada ciudad. Deseaba mostrar la niebla de la mañana, los amantes en las aceras, las luces de las calles que se prenden al atardecer, la Torre Eiffel reflejada en el Sena y las calles empedradas llenas de amigos y extraños que desaparecen en la noche. Mostró óperas, salones de baile y cenas elegantes, pero también capturó el lado más oscuro y menos romántico de París: los pobres e indigentes, los enfermos y desamparados, los limpiadores de calles y delincuentes. Sin juicios y con gran sensibilidad, documentó la vida pública de la gente común.

Sus fotos se reunieron por primera vez en un libro llamado *Paris de Nuit (París de noche)* y fue un gran éxito.

"Buscaba la poesía de la niebla que transforma a la gente... La poesía de la noche que transforma la ciudad, la poesía del tiempo que transforma a todos los seres."

Capturó 35 mil imágenes durante su vida, en muchas aparecen sus amigos famosos: Salvador Dalí, Pablo Picasso, Jean Genet y Henri Matisse. Muchos de ellos dijeron que Brassaï era una especie de ojo vivo, alguien que podía usar su visión para observar la verdad del mundo.

BUN SALUTH

(NACIÓ EN 1970)

Bun Saluth nació en una familia de agricultores pobres en Camboya. Desde pequeño supo que quería ser monje budista. Durante cinco años, estudió en Tailandia. Allí aprendió no sólo sobre budismo, sino también sobre medio ambiente.

Tailandia había perdido casi dos tercios de sus árboles debido a la explotación forestal. En 1936, 70% del país estaba cubierto de bosques. En 1989, sólo era cerca de 20 por ciento. La pérdida de árboles provocó inundaciones devastadoras que destruyeron pueblos enteros y cobraron miles de vidas.

Bun Saluth decidió evitar que sucediera lo mismo en Camboya.

Se mudó a un gran bosque cerca de donde había crecido.

Al principio, Bun Saluth vivía solo. Luego llegó la gente y formó pueblos. Cortaron árboles sin ser conscientes de las consecuencias. Las temperaturas subieron. La lluvia se volvió impredecible.

Bun Saluth sabía que debía hacer algo. Con otros monjes, cavó una zanja alrededor de todo el bosque.

Trabajó para tratar de educar a los pobladores sobre la importancia de preservar los árboles. En lugar de cortar los árboles antiguos, los animó a buscar hongos, pescar o recolectar frutas. Al principio lo desaprobaron, pensando que sería mejor compartir el dinero que traería la tala. Pero pronto los efectos causados por la deforestación fueron innegables, incluso para ellos.

Ahora los pobladores trabajan juntos con Bun Saluth, patrullando el bosque para detener a quienes buscan destruirlo. No tienen ningún poder oficial. Más bien, si se encuentran con alguna actividad ilegal, los guardianes del bosque intentan enseñar a los leñadores por qué están haciendo algo mal y la forma en que dañan a todos.

¿Por qué hace esto? Bun Saluth dijo: "Me involucré con el cambio climático porque, si no lo hago yo, ¿quién más lo hará?"

CARL JUNG

(1875-1961)

Carl era un niño tranquilo y pasaba mucho tiempo solo. Era el más feliz cuando se sentaba durante horas, estudiando o perdido en sus pensamientos.

La vida de Carl era difícil. Su madre sufría depresión y tenía extrañas alucinaciones nocturnas, mientras que Carl estaba seguro de ser dos personas al mismo tiempo.

Un día, un compañero de clase lo empujó al suelo. Después de eso, le aterraba la idea de ir a la escuela y pronto dejó de asistir.

Conforme crecía, Carl se sintió fascinado por saber la razón de su comportamiento y la forma de actuar de las demás personas. ¿Qué causó la depresión de su madre? ¿Por qué pensaba que era dos personas? Carl buscó respuestas en los sueños, en los folclores de civilizaciones antiguas y en lo más profundo de su mente.

Pronto viajó por el mundo reuniendo investigaciones y dando conferencias sobre sus ideas. Creía que los humanos se dividían en dos grandes grupos: a) ruidosos y sociables, y b) tímidos y más felices solos. Al primer tipo lo llamó personas "extrovertidas" y al segundo "introvertidas", aunque sabía que casi todas eran una combinación de ambos.

Carl se convirtió en uno de los psicólogos más famosos de su tiempo y desarrolló el psicoanálisis. Esta teoría afirma que el camino hacia la felicidad consiste en tratar de descubrir qué es exactamente lo singular en ti. Cuanto más aprendes sobre ti, más te entiendes y más feliz te vuelves.

Las teorías de Carl cambiaron la forma en que nos vemos y cómo percibimos al otro. Desempeñó un papel crucial en la búsqueda permanente para ayudar a las personas de todo el mundo a llevar vidas más plenas y felices.

CARLOS ACOSTA

(NACIÓ EN 1973)

Carlos creció en un barrio pobre de Cuba. Cuando era joven lo expulsaron de la escuela y su padre terminó en la cárcel. Lo enviaron a la Escuela Nacional de Ballet de Cuba simplemente porque era un lugar donde podían alimentarlo.

Pero su talento natural pronto se hizo evidente.

En 1990, Carlos ganó el Premio de Lausana, una competencia que enfrenta a cientos de bailarines de todo el mundo.

Viajó a Rusia y fue el primer extranjero llamado "artista invitado" del Ballet Bolshói. A los 25 años, se consagró como la primera persona negra en convertirse en bailarín principal del Royal Ballet en el Reino Unido y en interpretar el papel de Romeo en un ballet.

"Nadie parecido a mí había hecho esto antes... Cuando aparecí por primera vez en *El lago de los cisnes* en el Metropolitan Museum of Art de Nueva York, el auditorio estaba lleno de gente negra."

Sorprendió a los espectadores con su velocidad, precisión, gracia y poder. Su manera de moverse de otro mundo, fluida y llena de electricidad, dio una oleada de vida nueva a muchas coreografías antiguas.

Pero el ballet es famoso por ser duro con el cuerpo. Las articulaciones crujen, los pies sangran, las ampollas se forman y revientan. A los 42 años, Carlos se embarcó en una gira de despedida para conmemorar su retiro del ballet. Cada noche, cinco mil personas asistieron, aplaudieron y lloraron cuando el bailarín que iluminó sus vidas giró en el escenario por última vez. Tras su última actuación, el público arrojó rosas al escenario y le dio una ovación de pie durante 20 minutos.

En la actualidad, en Cuba, Carlos está formando una academia donde la gente pueda estudiar danza de forma gratuita, con la esperanza de alimentar a los amados bailarines del futuro.

CHARLES M. SCHULZ

(1922–2000)

Charles era un chico tímido, solitario, sin confianza ni autoestima. Era tan bueno en la escuela que lo avanzaron dos años, pero estar entre los niños mayores sólo lo hizo más tímido. Se perdió en sus dibujos. Fue un terrible golpe cuando el anuario de la escuela rechazó sus dibujos.

En 1943, justo cuando su madre murió, Charles tuvo que ir y pelear en la guerra. Por suerte, su unidad no vio mucha acción. La única vez que le dijeron "dispara", se dio cuenta de que no había cargado su arma. Pasó toda la guerra sin disparar una sola bala.

Cuando regresó, trabajó desarrollando sus personajes para caricaturas de periódicos. En 1950, le dieron su propia tira cómica, titulada *Peanuts*. Presentaba a un niño llamado Charlie Brown y su perro Snoopy.

Charles puso su vida en las tiras cómicas. Charlie Brown, como Charles, era nervioso, le faltaba confianza y fallaba en casi todo lo que intentaba. Snoopy se basó en Spike, su perro de la infancia. Los amigos de la vida real, familiares y novias aparecieron en los dibujos. Charles escribió sobre la vida y sentimientos como el amor, la desesperación, la decepción, la euforia y el miedo.

Su *alter ego*, Charlie Brown, lidió con el dolor y la tristeza, los aceptó y encontró el lado divertido de la vida. Ofreció una ventana de risa y alegría, muy necesarias en un mundo que se recuperaba de los efectos devastadores de dos guerras mundiales.

A finales de la década de 1960, 355 millones de personas en 75 países leían *Peanuts*.

Entre 1950 y 2000 se publicaron 17 mil 897 tiras cómicas. Es la historia más larga contada por un solo ser humano. En la actualidad, hay una estatua gigante de Snoopy en medio de la escuela donde una vez rechazaron los dibujos de Charles M. Schulz.

LOS BUZOS DE CHERNÓBIL

ALEXEI ANANENKO, BORIS BARANOV Y VALERI BEZPALOV

(MURIERON EN 1986)

Esta es la historia de tres hombres rusos que sacrificaron sus vidas para salvar las de millones. Aunque sus nombres se han olvidado, el impacto de sus acciones todavía se siente en todo el mundo.

El 26 de abril de 1986, explotaron los reactores de la central nuclear de Chernóbil, liberando una nube tóxica de material radioactivo que se extendió por Europa. Casi 400 mil personas abandonaron sus hogares.

Diez días después de las primeras explosiones, se descubrió que el sistema de enfriamiento de la planta había fallado, dejando un charco de agua bajo el reactor súper radioactivo. Los científicos se dieron cuenta de que, si no se hacía nada, se derretiría una sustancia similar a la lava a través de las salvaguardas finales, dejando caer el reactor en la piscina y provocando una serie de explosiones. Destruirían ciudades enteras y dejarían Europa inhabitable.

Tres empleados decidieron ayudar. Alexei Ananenko, Valeri Bezpalov y Boris Baranov se ofrecieron como voluntarios para nadar en la central eléctrica y drenar el agua a través de las válvulas de liberación. Alexei era la única persona que sabía dónde estaban las válvulas, Valeri era soldado e ingeniero de la planta y Boris era un trabajador normal que se ofreció para detener la lámpara. Todos acordaron ir a pesar de saber que morirían por los altos niveles de radiación.

Se pusieron el equipo de buceo y entraron. Durante los siguientes días, drenaron casi 5 millones de litros de agua de la planta, evitando una crisis de proporciones impensables.

Los tres fallecieron a las pocas semanas de completar su misión. Sus cuerpos eran tan radioactivos que los enterraron en ataúdes de plomo para detener la propagación de los materiales tóxicos.

Desde aquel día de 1986, el desastre de Chernóbil ha cobrado miles de vidas. Sin el valor y la abnegación de esos tres buzos, la cifra habría subido a millones.

CHESTER BENNINGTON

(1976–2017)

Chester tuvo una infancia difícil: en la escuela sufría bullying por ser pequeño y lucir diferente, además un "amigo" abusó de él durante mucho tiempo. Sus padres se divorciaron cuando tenía 11 años. A menudo escapó de casa, pero su verdadera salida era escribir poemas, canciones y pintar.

Al final, Chester abandonó la escuela y trabajó en un Burger King. A veces tocaba con bandas, aunque nunca tuvieron éxito. Desanimado, pensó en dejar la música por completo.

Un día le pidieron que hiciera una audición para una nueva banda que se estaba formando. Chester se perdió su fiesta de cumpleaños por grabar el demo. Su voz, que se elevaba de susurros tranquilos a gritos furiosos de rabia, impresionó a los otros miembros de la banda.

Se unió al rapero Mike Shinoda y otros músicos para formar la banda Linkin Park. Su primer álbum, *Hybrid Theory*, salió en 2000 y se convirtió en el álbum de rock más vendido del siglo XXI.

La banda combinó el metal, rap y música electrónica para crear un sonido inaudito que salía de las habitaciones de los adolescentes de todo el mundo.

En las canciones de Linkin Park, Chester expuso de forma abierta sus problemas de salud mental, algo con lo que millones de personas se identificaron. Cuando cantaba sobre el torbellino en su cabeza, el dolor de vivir en su piel y la búsqueda de un lugar donde pertenecer, la gente sentía que escuchaba a alguien que la entendía.

Linkin Park vendió más de 100 millones de discos. Desde entonces, se ha citado como una gran influencia para otros, desde bandas como Imagine Dragons hasta raperos como Stormzy.

Por desgracia, en 2017, Chester se quitó la vida. Los problemas de salud mental sufridos desde la infancia se volvieron abrumadores y se sintió incapaz de acceder a la ayuda disponible. Los fanáticos, familia y artistas se reunieron en su funeral para celebrar la vida de Chester y escuchar las canciones que le dio al mundo.

CHESTER GREENWOOD

(1858–1937)

A Chester le gustaba patinar más que a nadie. Pero no podía estar afuera por mucho tiempo: era alérgico a los gorros de lana que todos usaban para mantener las orejas calientes.

En invierno, los lagos de Farmington, Maine, se congelaban. Todos los pobladores salían con sus patines de hielo. Para Chester, era una experiencia agridulce: le encantaba el patinaje, pero sus oídos pronto se congelaban y debía regresar a casa. Algunas veces trató de patinar con una bufanda alrededor de su cabeza. Pero no podía ver bien a dónde iba, le daba comezón y era poco práctico.

Un día, Chester tuvo otra idea. Hizo dos almohadillas de piel de castor y le pidió a su abuela que las cosiera en una diadema de alambre. Luego salió a patinar con eso puesto. Todos se rieron de él, pero funcionó: sus orejas se mantuvieron calientes y pudo quedarse mucho tiempo en el hielo.

A los 15 años, Chester había inventado las orejeras. Solicitó una patente, se la dieron y pronto empezó a fabricarlas a mayor escala. Resultó que su invento tenía una gran demanda, en especial por parte del ejército.

Chester patentó otros 100 inventos durante su vida, aunque ninguno tuvo tanto éxito como las orejeras. Su debilidad inicial lo llevó al éxito.

Cuando Chester murió en 1937, su fábrica en Farmington producía más de 400 mil orejeras al año, dando empleo a la mayor parte de la ciudad y oportunidades a la gente del área.

Todos los años, el primer sábado de diciembre, los residentes de Farmington aún celebran el Día de Chester Greenwood con comida, canciones, desfiles y los coches de la policía local lucen orejeras gigantes.

CHRIS MOSIER

(NACIÓ EN 1980)

El duatlón de larga distancia es una prueba muy agotadora. Consiste en correr 10 kilómetros, andar en bicicleta 150 y, finalmente, correr otros 30. En 2016, Chris se convirtió en el primer hombre transgénero que representó a Estados Unidos en el Campeonato Mundial de Duatlón.

Esto fue seis años después de su cambio de sexo, cuando se sometió a una cirugía y un tratamiento de hormonas que alinearon su cuerpo físico con el ser que vivía en su interior. Desde los cuatro años, Chris sentía que su cuerpo le impedía acercarse a otras personas y mostrar quién era en realidad. Antes de convertirse en hombre, competía como mujer, pero la inconformidad que sentía consigo le impedía dar todo. A los 30 años, por fin, se sintió listo para cambiar eso.

Chris sabía que podía competir como atleta masculino sin tener que contarle al mundo que nació en un cuerpo biológico femenino. Pero sintió que era importante ser honesto.

"Creo que verme como un atleta hará una diferencia en los jóvenes trans porque sabrán que también pueden lograrlo... Quiero ser la persona que necesitaba hace 10 años."

Para Chris, el deporte es una herramienta que puede generar un gran cambio, tanto en los que compiten como en los que miran desde la banda o las gradas. Espera que los atletas transgénero sigan compitiendo al más alto nivel en los deportes y que sus cuerpos se conviertan en algo irrelevante, lo que importa es quiénes son en realidad.

En parte gracias al trabajo de Chris, el Comité Olímpico Internacional dictaminó que los atletas transgénero ya pueden participar en eventos olímpicos sin restricciones.

CRAIG KIELBURGER

(NACIÓ EN 1982)

A los 12 años, Craig leyó un artículo en el periódico local en Canadá sobre otro niño de la misma edad, llamado Iqbal Masih, asesinado al otro lado del planeta. Iqbal fue esclavizado y obligado a trabajar en una fábrica peligrosa desde los cuatro años. Logró escapar y empezó una campaña por la libertad de otros niños esclavos... Por eso lo mataron.

La historia incitó a Craig a investigar sobre el trabajo infantil. Se horrorizó por sus hallazgos. Con otros niños de su clase, fundó un grupo llamado Free the Children. La idea del grupo era que los niños podían ayudar a los niños, sin necesidad de la influencia de los adultos.

Su primera acción fue recolectar 3 mil firmas para pedir la liberación de un activista de los derechos de los niños encerrado de forma ilegal. Más tarde ese año, Craig viajó por India, Pakistán, Nepal, Tailandia y Bangladesh para reunirse con niños trabajadores, activistas de derechos humanos, incluso con el presidente de Canadá, que se encontraba en el área negociando acuerdos comerciales en ese momento.

Cuando regresó a casa, se había convertido en una noticia internacional. Varios canales de televisión lo entrevistaron, dio discursos en escuelas y reunió mucho dinero.

En la actualidad Craig tiene 36 años. La caridad sigue adelante.

Free the Children ha construido más de 650 escuelas en 21 países, enviado más de 200 mil paquetes de atención médica al extranjero, donado millones de pesos en asistencia médica y proporcionado agua potable a casi un millón de personas. Trabajan en estrecha colaboración con escuelas en países desarrollados y en vías de desarrollo para educar e inspirar a los estudiantes.

Las donaciones provienen de más de un millón de niños en 45 países. Con Free the Children aprenden que, sin importar la edad, tienen el poder de ponerse de pie y hacer cambios positivos en un mundo peligroso.

FREE THE CHILDREN

GREAT

CIRO II EL GRANDE

(CIRCA 600/575-530 A. C.)

Cuando Astiages, rey de los medos, soñó que uno de sus nietos lo derrocaría, ordenó que mataran a todos, incluido Ciro. Por suerte, un sirviente sintió lástima por él, lo salvó y lo crio en secreto.

Ciro creció y, en efecto, tomó el trono de su abuelo. Con coraje e inteligencia, lideró a los persas en una serie de campañas que formaron el imperio más grande del mundo.

Una de sus mayores victorias fue tomar el control del reino de Babilonia. En 587 a. C., los babilonios invadieron Jerusalén y echaron a los judíos de sus hogares, obligándolos a vivir en el exilio. Cuando el pueblo judío supo que Ciro se estaba moviendo, regresaron para recibirlo como un libertador y ayudarlo a derrotar a los babilonios. Luego, Ciro permitió que todos los judíos desplazados regresaran a sus hogares en Jerusalén y practicaran sus creencias sin temor a la persecución.

A diferencia de los conquistadores y gobernantes anteriores, Ciro era amable, generoso y tolerante con los que estaban bajo su mando. No los obligó a abandonar sus religiones o costumbres, no destruyó sus sociedades ni intentó que las reconstruyeran para adaptarse a él. En cambio, Ciro se propuso lograr la paz entre los hombres.

En 1879, un arqueólogo encontró un pedazo de arcilla horneada en las ruinas de la antigua Babilonia. Se le conoce como el Cilindro de Ciro y muestra la primera declaración de derechos humanos de la historia. Ciro afirmó que nunca permitiría la esclavitud, el robo de tierras o propiedades ni la opresión de un grupo a manos de otro. Dio a todos la libertad de practicar la religión que quisieran. Desde muy pequeño, supo qué se sentía ser perseguido de forma injusta y se aseguró de que aquellos que vivían bajo su mando no se sintieran de la misma manera. Hace 2 mil 500 años, Ciro luchó por libertades que, en la actualidad, muchos todavía no tienen.

EL 14º DALAI LAMA

(NACIÓ EN 1935)

Dalai Lama es el nombre que recibe el líder espiritual del pueblo tibetano. Es un símbolo de esperanza, paz y bondad para los budistas del Tíbet y de todo el mundo. Cada vez que muere un Dalai Lama, se envían equipos de búsqueda para encontrar su reencarnación (que se convertirá en su sucesor), ya que los budistas creen que vivimos en ciclos de nacimiento, muerte y reencarnación.

Cuando la China comunista invadió el Tíbet en 1949, más de una sexta parte de su población fue asesinada y 6 mil monasterios destruidos. En la actualidad, el Tíbet sigue gobernado por los chinos, quienes han despojado a los habitantes de sus libertades, destruyeron 80% del bosque para su beneficio y arrojaron sus desechos nucleares en todo el país. Debido a esto, un gran número de tibetanos vive en el exilio.

Uno de estos exiliados es el 14º Dalai Lama.

Lo descubrieron cuando era un niño de dos años. Sus padres eran comerciantes de caballos que vivían en un pueblo remoto en la montaña. Con el tiempo, realizó un viaje épico por Tíbet (con una caravana de comerciantes musulmanes para su protección). Los budistas tuvieron que pagar enormes cantidades al gobierno chino para garantizar su seguridad. Una vez que llegó a Lhasa, la capital del Tíbet, estudió hasta los 15 años, entonces se convirtió en el decimocuarto Dalai Lama.

En 1959, algunos grupos tibetanos intentaron contraatacar a los chinos. China invadió para aplastar la rebelión y, temiendo por su vida, el Dalai Lama huyó.

Ahora vive en la India, donde difunde ideas de paz, amor y comprensión. A pesar del sufrimiento infligido en el Tíbet por China, el Dalai Lama siempre ha sostenido que deben defenderse sólo con resistencia sin violencia. Miles de tibetanos (con mucho gusto) habrían tomado las armas para luchar contra sus opresores chinos si su líder lo hubiera pedido, pero nunca lo hizo. Por esto, el 14º Dalai Lama recibió el Premio Nobel de la Paz en 1989.

Una de sus frases es: “El verdadero héroe es el que conquista su ira y odio”.

DASHRATH MANJHI

(1929-2007)

A veces se dice que ciertas personas moverían montañas para ayudar a otros. Bueno, pues Dashrath en realidad lo hizo.

Nació en una familia pobre de trabajadores en Bihar, India, y creció cortando árboles para ganar dinero. Salió de su casa para trabajar en una mina de carbón y, después, regresó a su pueblo para casarse con la mujer que amaba: Faguni.

Un día, Dashrath trabajaba en el campo y Faguni (que estaba embarazada) salió de casa para llevarle el almuerzo y agua. Mientras cruzaba la montaña, resbaló, cayó y se lastimó de forma grave.

Era imposible llevarla a un hospital rápidamente. La montaña separaba al pueblo de los servicios importantes. Fue un viaje de más de 80 kilómetros hasta el hospital. Cuando llegaron Faguni ya había fallecido.

Dashrath decidió que nunca volvería a ocurrir algo así. Vendió las cabras de su familia, compró martillo y cincel y trabajó para hacer un paso a través de la montaña. Creó una técnica para abrirse camino a través de las rocas: hacer una fogata con leña encima de ellas, esperar a que se agrietaran ligeramente y, luego, echar agua en las grietas para profundizarlas. Al final, rompía las rocas en pedazos.

Muchos años después, una sequía afectó al pueblo y la mayoría de la gente se fue. Dashrath seguía lejos de completar el camino. Su padre lo animó a mudarse con el resto de la familia a una ciudad donde pudieran ganar dinero. Dashrath se negó. Siguió trabajando en su paso de montaña, sobreviviendo sólo con agua sucia y hojas.

Dashrath trabajó en su camino todo el día, todos los días, durante 22 años.

Lo completó en 1982. Tenía 110 metros de largo y ayudó a conectar a los pobladores con servicios vitales, permitiendo que pasaran los autos pequeños y reduciendo la distancia de 80 kilómetros a sólo tres. Cuando murió, Dashrath recibió un funeral de Estado y, desde entonces, se han realizado varias películas sobre su vida. Ahora, su camino se llama Calle Dashrath Manjhi.

ED SHEERAN

(NACIÓ EN 1991)

Tras mudarse a Londres con su guitarra y una mochila llena de ropa, Ed se encontró sin hogar. Durante dos años, durmió en trenes, departamentos de amigos, incluso junto a un ducto de calefacción afuera del Palacio de Buckingham.

No estaba dispuesto a abandonar su sueño de convertirse en cantante.

Desde los 11 años, Ed se fijó una carrera en la música. Cantó en un coro desde los cuatro años y la música siempre le brindó un escape del bullying que le hacían en la escuela. Tener un ojo chueco, lentes gigantes, ser tartamudo y pelirrojo significó un ataque despiadado por parte de los otros niños. La terapia de lenguaje no le ayudaba mucho a mejorar su forma de hablar y Ed se frustraba al tener las palabras en la cabeza, pero no poder expresarlas.

El rap lo curó. Un día, su padre le compró un álbum de Eminem por accidente. Pronto se aprendió cada palabra de las canciones. Su tartamudeo había desaparecido.

Ed salió de casa a los 14 años, cuando se mudó a Londres. Hizo todo lo posible para que su sueño de ser músico funcionara, a veces tocando hasta 300 presentaciones al año.

Con el tiempo, la gente comenzó a notar al joven de la guitarra destartalada y cabello rojo y desaliñado. Ed tenía una manera de combinar elementos de sus estilos musicales favoritos (desde folk hasta rap) y convertirlos en un tipo de pop contagioso que la gente no dejaba de cantar y bailar.

Cuatro años después, Ed recibió una invitación para actuar ante la reina en el Palacio de Buckingham. Desde entonces ha tenido muchos logros: fue el artista masculino con más ventas en el mundo (2017); ganó varios Grammy; fue reconocido como Miembro de la Orden del Imperio Británico (MBE) y se casó con la chica de la que se enamoró en la escuela.

¿Parte de la razón de su éxito? Nunca cambió quien era. "Sé tú mismo... Acepta tus peculiaridades. Ser tú es algo maravilloso."

EDDIE NDOPU

(NACIÓ EN 1990)

Eddie nació con atrofia muscular espinal, enfermedad que provoca la pérdida gradual de la capacidad de caminar, comer o respirar. Se suponía que no viviría más de cinco años. Pero en la actualidad, Eddie tiene 29 y sigue contando.

Ésa no fue la única expectativa que superó.

En Sudáfrica, la mayoría de las personas con discapacidad jamás ven un salón de clases. Eddie estaba decidido a obtener una educación. Esa determinación dio sus frutos cuando encontró una pequeña escuela primaria fuera de su ciudad natal donde los maestros estaban preparados para atenderlo y enseñarle. A partir de ahí, fue seleccionado para la Academia de Liderazgo Africano, estudió en Canadá y se involucró con varias organizaciones benéficas a nivel mundial.

"No me avergüenza decirlo: soy brillante, negro, gay y discapacitado. Vivo en la magnificencia de mi diferencia".

En 2017, Eddie se convirtió en la primera persona africana con discapacidad que se graduó de la Universidad de Oxford, después de recibir una beca completa para estudiar ahí. Espera que esto sea una prueba para los jóvenes discapacitados del mundo: no hay nada que no puedan lograr.

Eddie quiere que todos olviden las cosas negativas que les enseñaron sobre ser discapacitados y se acepten como son. Dice: "No hay ninguna razón por la que la discapacidad no pueda ser sexy, genial, interesante..."

Su misión no es instalar más rampas para sillas de ruedas y letreros en braille, más bien quiere que el mundo aprecie a las personas discapacitadas por quienes son y les ofrezca las mismas oportunidades que a todos los demás.

¿El próximo plan de Eddie? Convertirse en el primer usuario de sillas de ruedas en el espacio, para que las personas del planeta Tierra prueben que no dejarán a nadie atrás.

EDVARD MUNCH

(1863–1944)

En un puente, una figura de aspecto fantasmal se lleva las manos a la cara, con la boca abierta en un grito. Detrás de él, se estremece un intenso cielo anaranjado.

El grito, de Edvard Munch, es una de las pinturas más reconocidas del mundo y un ejemplo del arte que creó en respuesta a sus problemas personales.

La tragedia lo persiguió toda la vida. Su madre murió cuando él tenía cinco años y su hermana más querida, nueve años después. Otra hermana pasó toda la vida en un manicomio y su hermano falleció a los treinta. Cuando era joven, Edvard tuvo tuberculosis y tosía en los pañuelos sólo para encontrarlos manchados de sangre.

Aunque su familia era pobre, consiguió un lugar en la universidad y estudió ingeniería. Al abandonar la carrera para dedicarse al arte, su padre se puso furioso. Incluso recibió cartas maliciosas de sus vecinos. Pero nada lo detuvo.

Al principio, Edvard pasaba mucho tiempo pintando como los artistas que admiraba. Cuando se acercó a un estilo propio, pintó la escena de su hermana muriéndose en la cama. La llamó *La niña enferma*.

"No pinto lo que veo sino lo que vi", dijo Edvard. Quería ir más allá de representaciones detalladas de personas y eventos, deseaba representar recuerdos empañados por emociones y sentimientos. No fue un enfoque comprensible para todos.

"Seguramente eso no es una mano, ¿verdad?", escribió un crítico sobre *La niña enferma*. "Parece un estofado de pescado en salsa de langosta". El público que vio sus obras por primera vez se burló.

Transcurrieron 20 años antes de que el arte de Edvard fuera apreciado. Todo ese tiempo lo pasó pintando en la playa o haciendo bocetos mientras la nieve caía a su alrededor.

En 2012, *El grito* se vendió en casi 2 mil 400 millones de pesos. Se considera una de las representaciones más importantes del dolor y la ansiedad de la vida moderna.

VOGUE
VOGUE
VOGUE
VOGUE
VOGUE
VOGUE
VOGUE
VOGUE
VOGUE
VOGUE
VOGUE
VOGUE
VOGUE
VOGUE
VOGUE
VOGUE
VOGUE

EDWARD ENNINFUL

(NACIÓ EN 1972)

La madre de Edward era costurera. Él pasaba los días corriendo entre sus piernas con cintas de tela o dibujando sus propios diseños. Pero nunca pensó que la moda podía ser una carrera. Además, sus padres lo animaban a convertirse en abogado.

Un día, cuando Edward tenía 17 años, estaba en el tren y notó que un hombre lo observaba. Se puso nervioso.

Entonces el hombre habló: "Soy el diseñador de vestuario de una revista, ¿te gustaría modelar para nosotros?" Edward respondió que debía preguntarle a su madre.

Unas semanas más tarde, estaba posando en su primera sesión de fotos y supo que había encontrado el mundo al que pertenecía. No iba a ser un abogado. Su padre se enojó, pero su mamá sabía que amaba la moda desde pequeño y que era una fuerza positiva en su vida.

Edward siempre preguntaba si había trabajo que hacer. Se convirtió en asistente del diseñador, luego diseñador de vestuario y, pronto, la revista *i-D* lo contrató como director de moda, convirtiéndose en el más joven de Gran Bretaña con sólo 18 años.

Aprendió a contar historias a través de la ropa y cómo presentar la moda callejera. Aprendió a diseñar portadas y escribir artículos. La mayoría de las noches, estaba despierto hasta las 4:00 a.m. preparando la revista.

A los 21 años, Edward se declaró gay. Su madre no se sorprendió en absoluto, pero su padre se preocupó porque no estaba muy seguro de qué significaba ni cómo afectaría su carrera. No tenía que estarlo.

Edward se convirtió en el primer editor masculino de la edición inglesa de *Vogue* en 102 años de publicación.

Se aseguró de defender los derechos de todos, incluidos los hombres y mujeres transexuales y homosexuales. "La diversidad no sólo se trata de ser blanco o negro... Siempre me preocupa dejar a alguien fuera."

Ahora, el padre de Edward lee todos los números de *Vogue* justo el día que salen a la venta. Sabe que su hijo nació para hacer esto.

EMIL ZÁTOPEK

(1922-2000)

Emil creció en una familia pobre con siete hermanos. A los 15 años, dejó su hogar para trabajar en una fábrica de zapatos. Un día, su compañía le dijo que correría en una gran carrera junto a empleados de otras fábricas.

"Pero no me interesa correr", respondió Emil. "Además estoy en terrible forma."

De todos modos, lo hicieron competir y quedó en segundo lugar de cien.

Cuatro años después, Emil corrió por Checoslovaquia. En 1948, ganó los 10 mil metros en los Juegos Olímpicos de Londres. El 29 de septiembre de 1951, rompió cuatro récords mundiales en una carrera y se convirtió en la primera persona en correr 20 kilómetros en menos de una hora.

En los Juegos Olímpicos de Helsinki de 1952, Emil ganó la medalla de oro en los 5 mil y en los 10 mil metros. En el último minuto (y aunque no tenía experiencia), decidió correr el maratón. Ganó por más de dos minutos.

A pesar de todo eso, su estilo de carrera fue muy criticado por ser extraño y feo. Hacía muecas. Un cronista de deportes escribió que corría como si trajera un escorpión en cada zapato.

Pero a Emil no le importó. Se convirtió en una leyenda y nunca olvidó lo importante: amaba a las personas y valoraba la amistad más que la victoria. Estudiaba diccionarios de lenguas extranjeras antes de las competencias internacionales para poder platicar con otros corredores. Una noche, Emil le dejó su cama en la Villa Olímpica a un hombre australiano que no tenía dónde dormir. Ayudaba a cualquiera que le pedía consejos sobre el entrenamiento y, en alguna ocasión, le dio sus calcetines a un competidor necesitado.

Incluso en 1966, Emil le dio una de sus medallas de oro a un corredor de larga distancia porque sintió que se la merecía. Todo el mundo lo amaba, no sólo por ser un atleta asombroso, sino por ser amable y considerado. Se sentía alegría al estar cerca de él.

EMMANUEL OFOSU YEBOAH

(NACIÓ EN 1977)

Emmanuel nació sin espinilla en la pierna derecha. Esto significa que su pie colgaba inútilmente y no tenía esperanzas de caminar de manera normal.

En Ghana, las personas desconfían de quienes nacen discapacitados porque creen que es resultado de una maldición o de los pecados de la madre. Incluso el padre de Emmanuel dejó a su familia para escapar de la vergüenza.

Comfort Yeboah, su madre, seempeñó en que tuviera todas las oportunidades en la vida. A pesar de que, en Ghana, los niños discapacitados casi nunca iban a la escuela, ella lo cargaba y recorría los siete kilómetros diarios para llevarlo. Así fue diario hasta que tuvo la edad suficiente para llegar saltando por su cuenta. Se esperaba que, como persona discapacitada, Emmanuel se convirtiera en un mendigo. Pero él tenía otras ideas.

Quería andar en bicicleta por toda Ghana con una sola pierna. El problema: no tenía bicicleta. Hizo una carta a la Fundación de Atletas con Discapacidad en Estados Unidos; le respondieron y le ofrecieron una bicicleta de montaña especial, equipo de ciclismo y 20 mil pesos.

A lo largo de su viaje de 600 kilómetros, Emmanuel se reunió con el rey de Ghana, con aldeanos, reporteros, líderes de iglesias y niños discapacitados. Quería mostrarle a su país que la discapacidad no significa incapacidad, que no es una maldición o un castigo y que los que nacen con alguna discapacidad pueden hacer cosas maravillosas.

"En este mundo, no somos perfectos... Sólo podemos hacer nuestro mayor esfuerzo."

Después, lo invitaron a Estados Unidos para competir en un triatlón. Cuando estuvo ahí, conoció a unos médicos especialistas que le explicaron las posibilidades de amputarle la pierna y colocarle una prótesis. Fue un éxito rotundo. ¡Emmanuel podía caminar sobre sus dos pies!

La prótesis también le permitió vencer su mejor tiempo de triatlón por tres horas. Por lo cual le dieron el Premio Nike Casey Martin y un millón de pesos. De regreso en Ghana, usó el dinero para establecer un fondo de ayuda a niños discapacitados, así podrán acceder a la educación que lo ayudó a salir adelante.

ENRICO CARUSO

(1873–1921)

Desde los 10 años, Enrico trabajaba en una fábrica en Nápoles y cantaba en las calles para llevar dinero a su familia. La belleza de su voz era innegable y deseaba con toda el alma ser cantante.

Sus sueños quedaron en suspenso cuando lo obligaron a cumplir un periodo obligatorio en el ejército. Un día, el capitán de su unidad lo escuchó por casualidad y lo regañó delante de todos. Pero en la noche, llamó a la puerta de Enrico, lo invitó a tomar un café y lo hizo cantar para los presentes.

Después le dijo: "Concéntrate en tu voz".

Lo hizo. Tras su paso por el ejército, cantó por primera vez en el Teatro Nuovo de Nápoles. Todavía era tan pobre que usaba sábanas para actuar. En una presentación, Enrico tuvo mala suerte y terminó abucheado por la audiencia. Le dolió tanto que nunca volvió a cantar en su ciudad natal.

No importó. Su grabación de "Vesti La Giubba" se convirtió en la primera en vender un millón de copias. Enrico viajó por el mundo, actuando noche tras noche en teatros llenos.

Una vez, mientras se hospedaba en un hotel de San Francisco, un terremoto destruyó la mayor parte de la ciudad. Aunque estaba aterrorizado, Enrico se tambaleó por el pasillo y logró cantar. Su voz calmó el pánico de todos.

Pero cada vez que volvía a su natal Nápoles, se negaba a actuar porque seguía recordando la dolorosa forma en que lo abuchearon. Para compensar a la gente de su ciudad, siempre donaba a una organización benéfica local la misma cantidad que les hubiera dado con la venta de boletos.

Enrico murió a los 48 años. Los médicos pensaron que se debió a una gira demasiado agotadora. En la actualidad, existe un museo dedicado a él en una de sus casas antiguas en la Toscana. Dejó más de 250 grabaciones, influyó en generaciones de tenores y cambió la industria discográfica para siempre.

CARUSO
N GREATS

ERICH KÄSTNER

(1899–1974)

El 10 de mayo de 1933, en la Plaza Opernplatz, en Berlín, 40 mil personas se reunieron para presenciar la quema de miles de libros. Los nazis estaban en el poder y no querían que nadie leyera nada que fuera en contra de su ideología. Erich estaba parado en las líneas laterales, triste, viendo sus amadas novelas convertirse en humo.

Nació y creció en Dresde, en el seno de una familia pobre. Erich escribió para los periódicos con el fin de recaudar suficiente dinero para ir a la universidad. Después de graduarse, siguió escribiendo artículos y poemas, pero lo despidieron de su trabajo por ser demasiado controvertido.

En 1929, publicó la novela infantil titulada *Emil y los detectives*. Cuenta la historia de Emil Tischbein, un joven enviado a Berlín para entregar una suma de dinero a su abuela. Pero le roban el dinero durante el viaje en tren y Emil llega desamparado a Berlín. Por fortuna, conoce a una pandilla de muchachos que se convierten en detectives para ayudarlo a encontrar al ladrón.

Era diferente a los libros de otros niños de la época porque no predicaba sobre cómo debían comportarse las personas ni estaba ambientado en un mundo de cuento de hadas, sino en el nuestro.

Los niños y los adultos se enamoraron de Emil y del resto de la pandilla.

Tras la guerra, Erich regresó de Berlín a su ciudad natal y la encontró en ruinas. Alrededor de 100 mil personas murieron en el despiadado bombardeo de Dresde, aquella noche en que el aire se volvió venenoso y azotó la ciudad a altas temperaturas.

Pero Erich continuó escribiendo y encontrando más éxito. Su libro *Las dos Carlotas* cuenta la historia de dos niñas que se conocieron en un campamento de verano, descubrieron que eran gemelas idénticas y crearon un plan para cambiar vidas. Desde entonces se han filmado varias películas llamadas *Juego de gemelas*.

Sí, los nazis quemaron los libros de Erich, pero sus historias siguen vivas, traducidas a 60 idiomas diferentes y vendiendo millones de copias.

ERNŐ RUBIK

(NACIÓ EN 1944)

Ernő siempre se inspiró en su padre, un ingeniero que trabajaba fabricando planeadores (aviones que vuelan sólo usando el viento). Su padre le enseñó que si quería algo, podía hacerlo con sus manos.

Ernő estudió escultura antes de convertirse en profesor de arquitectura en el Colegio de Artes Aplicadas de Budapest, en Hungría. Le frustraba que a sus estudiantes les resultara tan difícil vencer ciertos problemas tridimensionales vitales para sus estudios. Decidió encontrar una forma nueva e interactiva para que aprendieran.

En el departamento de su madre, Ernő se puso a trabajar para crear el primer cubo de Rubik. Cortó bloques de madera, los pintó y los fijó con bandas elásticas. Luego torció todo en una disposición de colores completamente aleatoria.

Después de girar el cubo una y otra vez, Ernő se preguntó si sería posible resolverlo y devolver los colores a su forma original. Resolvió que había 43 quintillones de arreglos posibles. Significaba que, si pudieras ver mil de ellos por segundo, aún necesitarías mil 300 millones de años para verlos todos. Le tomó un mes resolver su rompecabezas y hacer que los colores de cada lado coincidieran. Empezó a creer que tenía potencial como juguete.

Era difícil convencer a una empresa para que fabricara el cubo. No se prendía, giraba ni disparaba bolitas de goma, sólo implicaba sentarse y pensar mucho. Pero las empresas de juguetes habían subestimado a los jóvenes.

El cubo de Rubik se convirtió en el juguete más popular del mundo. Se estima que, en la actualidad, una de cada siete personas vivas ha jugado con uno. Incluso generó su propio deporte, el *speedcubing*, donde los participantes resuelven un cubo de Rubik lo más rápido posible. El registro actual es de 4.22 segundos.

Los cubos de Rubik han inspirado a generaciones de jóvenes a enamorarse de rompecabezas, problemas y búsqueda de respuestas.

EVAN RUGGIERO

(NACIÓ EN 1990)

Evan empezó a bailar a los cinco años. Quedó cautivado desde que se asomó a la clase de baile de su hermana. Al principio, bailaba hip-hop y jazz, pero cuando descubrió el tap, supo qué quería hacer el resto de su vida.

A los 19 años, cuando estudiaba teatro musical en la universidad, le diagnosticaron una forma rara de cáncer de hueso y le amputaron la pierna debajo de la rodilla. Evan pasó dieciséis meses en una quimioterapia agotadora.

Nadie sabía si sería capaz de bailar de nuevo.

Pero Evan se inspiró en la historia de Peg Leg Bates, un bailarín afroamericano de la década de 1940 que perdió su pierna a los 12 años, y bailó para los reyes de Inglaterra. A Bates le dijeron que bailaba mejor con una pierna que la mayoría de los bailarines con dos.

Una semana después de terminar las quimioterapias, Evan se ajustó una pata de palo y fue al estudio de danza. Quería ver de qué era capaz. Se asombró. En los siguientes meses y años, aprendió la mejor forma de usar su nuevo cuerpo como un instrumento de expresión... y prosperó.

No siempre fue fácil, pero Evan dijo que practicó mucho para superar los obstáculos. Crecer como un niño al que le encantaba el teatro musical significó pasar años defendiéndose de los bravucones que le hacían bullying. Estaba acostumbrado a lidiar con problemas y éstos nunca lo frenaron.

Desde entonces, Evan ha actuado en los Juegos Paralímpicos, los Óscar y varios papeles en Broadway. "Yo no elegí esto... Pero quizá mi carrera es mejor y más famosa por mi pata de palo."

FRANCISCO TÁRREGA

(1852-1909)

Una noche en Villarreal, España, Francisco gritó tan fuerte que su niñera lo tiró al canal. Lo rescataron, pero contrajo una infección que afectó su vista.

El padre de Francisco quería asegurarse de que su hijo siempre tuviera trabajo a pesar de su discapacidad, así que lo animó a convertirse en músico. No fue una gran sorpresa que aceptara la idea. A Francisco siempre le asombraron los sonidos que hacía su padre cuando tocaba flamenco en la guitarra. Empezó a estudiar con dos guitarristas ciegos locales. Pero era inquieto e impaciente.

La primera vez que Francisco escapó tenía 10 años. Lo encontraron tocando en bares y cafés de Barcelona y su padre lo trajo a casa.

La segunda vez tenía 13 años. Su padre lo encontró en Valencia con un grupo de gitanos.

La tercera vez se quedó estudiando guitarra en el Conservatorio de Madrid. Recibió instrucción formal sobre teoría, composición y piano. Después empezó a enseñar y dar conciertos impresionantes en toda España. Pronto, su nombre fue bien conocido a lo largo y ancho del país.

Francisco cambió la forma en que se concebía la guitarra. Antes, por lo general, se usaba para acompañar a los cantantes, pero él demostró que era un instrumento de belleza y poder. Con ella se podían tocar incluso las obras clásicas más complejas de Beethoven o Chopin. Además, dejó un gran número de composiciones propias.

El punto más alto de su popularidad fue muchos años después de su muerte, cuando 2 mil millones de personas, cada día, escuchaban el fragmento de una de sus canciones: el primer tono de llamada de Nokia.

FRANÇOIS TRUFFAUT

(1932-1984)

François nunca conoció a su padre. Su madre y su padrastro no lo querían y lo enviaron a vivir con su abuela: ella fue la primera persona en mostrarle el poder de los libros y la música.

Su abuela murió cuando François tenía ocho años, así que regresó a casa de su madre. Ella no estaba contenta y, muchas veces, se iba de vacaciones o a visitar amigos sin él. François se sintió no deseado.

Encontró su verdadero hogar en el cine.

En lugar de ir a la escuela, François se escapaba al cine y pasaba días enteros viendo películas. Cuando lo expulsaron de la escuela, se fijó una meta: todos los días vería tres películas y cada semana leería tres libros. De esa manera, se autoeducaría.

Cuando terminó la guerra, la industria del cine creció mucho. Se abrieron nuevos espacios y la gente asistía a ver nuevas películas de todo el mundo. François estudió con intensidad estas películas. Creó carpetas y guardó notas y recortes de revistas.

Abrió su club de cine. Un día, para ganar dinero suficiente y seguir adelante, François robó una máquina de escribir de la oficina de su padrastro. El hombre lo atrapó y lo llevó a la estación de policía donde lo encarcelaron. Tiempo después volvió a estar en prisión por unirse al ejército y luego desertar.

En 1954, François empezó a hacer sus películas. Era evidente que tenía un talento feroz para combinar música, iluminación y composición a fin de provocar emociones y contar historias.

Su primer largometraje, *Los cuatrocientos golpes*, fue visto por 3.6 millones de franceses.

François dirigió un movimiento en el cine conocido como la Nueva Ola Francesa. Fue uno de las corrientes cinematográficas más influyentes de la historia, trajo emoción e innovación a la pantalla y cambió la forma en que se grababan las historias.

GIORGIO STREHLER

(1921-1997)

De niño, Giorgio siempre asumió que el teatro era aburrido, que no era comparable con la televisión. Tiempo después, un caluroso día de verano, pasó frente a un anuncio que señalaba el camino hacia un edificio con aire acondicionado. En el interior, descubrió que estaban actuando una obra escrita por Carlo Goldoni. Quedó cautivado y volvió cada noche de esa semana.

Giorgio fue a la escuela de teatro. Entonces estalló la guerra e Italia se convirtió en un Estado fascista, ocupado por los nazis. Durante un tiempo, luchó contra ellos como parte de la resistencia italiana, al final se exilió en Suiza. Regresó a su país hasta que terminó la guerra.

Sin olvidar su sueño, en 1947, Giorgio y su amigo Paolo Grassi transformaron un antiguo cine en ruinas (que fue usado como edificio de tortura) en el Teatro Piccolo. Con sólo 500 asientos y un pequeño escenario, fue el primer teatro permanente de Italia. Después se convirtió en uno de los teatros más importantes de Europa.

Giorgio quería que el teatro fuera un espectáculo para la gente común y corriente, la clase trabajadora y los pobres, igual que cuando el teatro era entretenimiento de las masas durante la época de Shakespeare. A lo largo de los años, representó algunas de las mejores obras teatrales jamás escritas. También se nombró director, un título que no existía, ya que las obras de teatro siempre eran dirigidas por los actores. Cambió la forma en que se hacían las cosas porque Giorgio se vio como un intérprete de los trabajos de otros, como una especie de instrumento a través del cual se podían realizar las grandes obras.

En la actualidad, el Piccolo Teatro di Milano sigue presentando obras de teatro, actuaciones para todo público y, sobre todo, obras para cambiar la mentalidad de los niños que piensan que nada puede compararse a ver la televisión o jugar en la computadora.

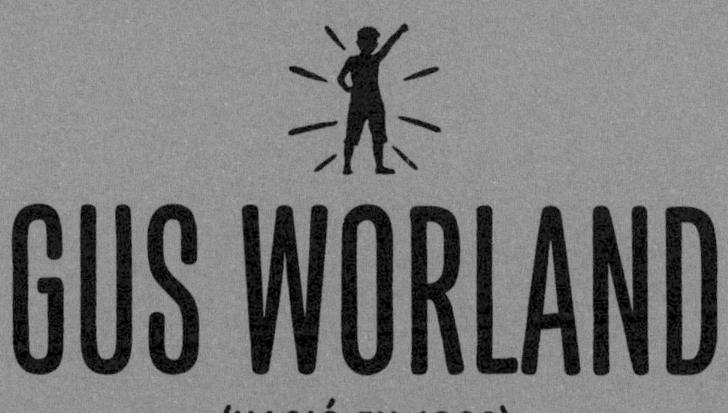

GUS WORLAND

(NACIÓ EN 1968)

Gus estaba jugando golf cuando recibió una terrible llamada telefónica. Angus, uno de sus mejores amigos, se había suicidado. Gus cayó de rodillas y lloró.

Descubrió que el suicidio es la mayor causa de muerte en hombres jóvenes en Australia. Si era un problema tan grave, se preguntó, ¿por qué parece que no se hace nada al respecto?

Como Gus era estrella de radio y televisión en Australia, decidió que usaría los medios de comunicación para difundir, hacer conciencia y tratar de llegar a quienes necesitaban ayuda. Creó un programa de televisión llamado *Man Up!* para entender por qué tantos hombres estaban muriendo.

En el show, Gus habló con los albañiles en un sitio de construcción, navegó con marineros y se unió a una clase de yoga para varones. Aprendió que, sobre todo, los hombres tienen problemas para ser honestos acerca de cómo se sienten. Si no buscan la ayuda disponible, todas sus preocupaciones interiores pueden ser abrumadoras. Los varones que veían el documental reportaron sentirse más cómodos expresándose y más propensos a pensar en los sentimientos de otras personas. Fue una respuesta asombrosa y Gus quería hacer más.

Para ello, creó un anuncio a nivel nacional que mostraba a hombres de varias edades mirando a la cámara y llorando.

"¿Por qué les decimos a los niños que no lloren? ¿Para templarlos? ¿Curtirlos? ¿Ocultar sus emociones? El silencio puede matar. Mantener las emociones y reprimir los problemas provoca ansiedad, depresión y arrebatos destructivos. Se necesita ser hombre para llorar y fuerza para pedir ayuda".

En casa, Gus también anima a su hijo a ser más abierto. Jack dice que ver a su papá cómodo mostrando emociones le ayudó a sentir que podía ser de la misma manera. Dice que ve llorar a su padre cuando mueren animales en las caricaturas y sabe que no es signo de debilidad, sino de empatía, de cuidar de las cosas más allá de sí.

"Una conversación correcta termina con un abrazo de hombre, no un apretón de manos."

HENRY DUNANT

(1828-1910)

Henry no era bueno en la escuela. Tras ser expulsado de la universidad, tomó un trabajo de aprendiz y se convirtió en banquero.

Un verano, Henry estaba en Italia por un viaje de trabajo, cuando tropezó con las consecuencias de la Batalla de Solferino. Lo que vio lo horrorizó: miles y miles de hombres tirados, muertos o muriendo en el campo de batalla, sin nadie que les hiciera caso. Henry pidió a los pobladores locales que ayudaran a los heridos sin discriminación. Fue una idea nueva en ese momento. En general, las personas sólo ayudan a los que lucharon en su mismo lado.

Así se creó la Cruz Roja.

Se convirtió en un movimiento mundial con alrededor de 17 millones de voluntarios. Salvaron vidas en la Primera y Segunda Guerra Mundial, en crisis de refugiados, en desastres naturales, incluso auxilian a las personas que se sienten solas en su comunidad. La Cruz Roja ofrece ayuda a todos.

Pero Henry no creía que su trabajo estuviera terminado. En tiempos de guerra se cometían muchas atrocidades y quería establecer un conjunto de reglas para evitar que ocurrieran en el futuro.

Henry viajó por todo el mundo y pidió a los gobiernos que enviaran parte de su personal a una reunión. Aparecieron más de 39 representantes y todos firmaron una serie de tratados conocidos como la Convención de Ginebra. Es un conjunto vital de reglas que aún se utilizan y establecen cómo se debe tratar a las personas durante la guerra. Dice que cualquier miembro de un ejército que se rinda o sea capturado no debe ser maltratado, herido, ejecutado sin un juicio o tratado de manera diferente en función de la religión, raza, género, riqueza o cualquier otra cosa.

A pesar del impacto que tuvo en el mundo, Henry se quedó solo y sin dinero en un hospital debido a una enfermedad. Unos años antes de su muerte, un maestro lo encontró e hizo que el mundo lo notara. Henry recibió el primer Premio Nobel de la Paz y entregó todo el dinero de sus premios a organizaciones benéficas.

HRITHIK ROSHAN

(NACIÓ EN 1974)

Cuando era niño, Hrithik odiaba hablar. Tenía un tartamudeo que le causaba pánico cada vez que decía algo frente a la gente. También tenía un pulgar adicional, fusionado con el pulgar de su mano derecha, esto lo marcó como diferente e hizo que los niños en la escuela fueran crueles con él.

A los seis años, Hrithik tuvo una pequeña participación bailando en una película de Bollywood. Ganó lo suficiente para comprar 10 carritos de Hot Wheels. Se enamoró de la actuación y se propuso convertirse en actor profesional de Bollywood.

Con ayuda de terapia, Hrithik superó su tartamudez. No fue el único obstáculo que se interpuso en su camino. Unos años más tarde, le diagnosticaron escoliosis, es decir, su columna estaba chueca. El médico le dijo que no podía realizar movimientos bruscos. Para un actor de Bollywood, no poder bailar significaba no trabajar en absoluto, ya que casi todas las películas indias están llenas de canciones y escenas peligrosas. De todos modos, Hrithik decidió seguir con la carrera de actuación. Una tarde corrió a lo largo de una playa mientras llovía y se dio cuenta de que no sentía dolor. Entonces comprendió que podía lograr su sueño.

Rechazó una beca para estudiar en Estados Unidos y se lanzó en el negocio del cine. En los rodajes de películas, Hrithik barría pisos y preparaba té, con la idea de aprender todo lo concerniente a la industria de abajo hacia arriba.

Por fin consiguió un papel en un thriller romántico llamado *Reencuentro con el destino*. La película fue un éxito. De la noche a la mañana, Hrithik se convirtió en uno de los actores más famosos de la India. Todos querían trabajar con él.

Desde su éxito, Hrithik ha usado su dinero para ayudar a los niños que están en las mismas condiciones que él vivió. Apoya una escuela para niños con discapacidades mentales, dona a un hospital que ayuda a los niños tartamudos y ayudó a reconstruir hogares tras las inundaciones que afectaron el sur de la India.

IBRAHIM AL HUSSEIN

(NACIÓ EN 1988)

Ibrahim creció con sus 13 hermanos en Deir ez-Zor en Siria. Pasaban los días jugando baloncesto, practicando judo y nadando en las azules aguas del río Éufrates. Entonces estalló la guerra civil.

Un día, Ibrahim estaba en la calle cuando los misiles empezaron a caer a su alrededor. Se arrojó al edificio más cercano para cubrirse. Entonces escuchó gritos de ayuda. Su amigo estaba herido y tirado afuera, sin nada que lo protegiera.

Al correr para ayudarlo, un cohete lo alcanzó.

Se las arregló para ponerse a salvo, pero el daño en su pierna no tenía solución y se la amputaron. Los servicios y suministros médicos eran tan limitados que Ibrahim despertó dos veces durante la horrorosa operación. Al día siguiente lo enviaron a casa sin ninguna medicina para el dolor.

En busca de una mejor atención médica, Ibrahim viajó a Turquía, hizo el peligroso cruce a Grecia en un bote salvavidas. Le dieron el asilo y se instaló en Atenas. Al principio, usó una silla de ruedas para transportarse, pero con el tiempo le pusieron una pierna protésica. Esto le dio la oportunidad de volver a nadar.

Dos años después, Ibrahim compitió en los Paralímpicos de Brasil como parte del Equipo de Atletas Paralímpicos Independientes, un grupo formado por refugiados y solicitantes de asilo. Grecia lo eligió para llevar la antorcha olímpica. Ibrahim la levantó con orgullo mientras caminaba por un campamento de refugiados en el centro de Atenas.

“Llevo la flama por mí... pero también por los sirios, por los refugiados de todas partes.”

En la actualidad, se estima que hay 65 millones de personas desplazadas en todo el mundo. Ibrahim espera ser una prueba de que esas vidas se pueden reconstruir.

ISAAC ASIMOV

(1920–1992)

En 1921, en el pequeño pueblo de Petrovichi, Rusia, 17 niños contrajeron neumonía en ambos pulmones. Isaac fue el único que se salvó. Sobrevivió para convertirse en uno de los mejores escritores de ciencia ficción que han existido.

Cuando Isaac se recuperó, su familia se mudó a Estados Unidos, donde su padre abrió tiendas de dulces. Eran tan pobres que todos los miembros de la familia trabajaban. Al menos las tiendas de dulces vendían revistas, por lo tanto Isaac siempre tenía qué leer. Las revistas que leía una y otra vez eran las que contaban historias emocionantes de naves espaciales y extraterrestres de los confines más lejanos del espacio.

Cuando su revista favorita, *Astounding Science Fiction*, se retrasó en salir a la venta, Isaac fue a la oficina del editor para preguntar por qué. La visita lo inspiró tanto que escribió una historia y la presentó. La rechazaron, pero puso a Isaac en contacto con el editor, quien vio algo en el brillante muchacho. Los dos empezaron a reunirse cada semana para hablar sobre la escritura, el universo y lo que el futuro tenía reservado para el planeta Tierra.

Al final se convirtió en un autor con obra publicada. Sus historias y novelas ganaron mucha popularidad y se convirtieron en programas de televisión y películas como *Yo, robot* y *El hombre bicentenario*.

Isaac pensó que la ciencia ficción servía al bien de la humanidad. Las posibles consecuencias del cambio climático, los robots inteligentes y las personas que pasan la mayor parte de su tiempo comunicándose a través de las computadoras, pueden explorarse en historias que nos ayudarán a moldear el futuro.

Una vez, dijo: “Ya no se puede tomar una decisión sensata sin considerar no sólo el mundo como es, sino como será”. Isaac se encargó de mostrarnos todos los escenarios posibles en los que puede convertirse la Tierra.

IVÁN FERNÁNDEZ ANAYA

(NACIÓ EN 1988)

Imagina una carrera a campo traviesa en Burlada, España, donde compiten muchos de los mejores corredores de larga distancia de todo el mundo. En primer lugar, va Abel Mutai, un atleta keniano que ganó un bronce en los Juegos Olímpicos. En segundo lugar, a cierta distancia, va el corredor español Iván Fernández Anaya.

Abel Mutai se detiene. Levanta sus manos al aire en señal de celebración.

Piensa que ha ganado.

Sólo que no lo ha hecho.

La línea de meta está a 10 metros de distancia y Abel se detuvo por error. La gente le dice que avance, pero él no entiende español ni inglés. Iván va corriendo detrás y puede adelantarlo con facilidad. No lo hace. En lugar de ir más rápido y ganar, Iván se ralentiza y le hace señas a Abel para que continúe y cruce la línea delante de él.

Es un acto diminuto, pero uno que dice todo.

"No merecía ganar. Él era el verdadero campeón."

Los periódicos de todo el mundo celebraron su acto de bondad y espíritu deportivo. En Facebook, una foto de él junto a Abel tuvo más de 100 mil "me gusta".

Pero su entrenador, Martín Fiz, no estaba contento. Martin era ex corredor y dijo que nunca habría hecho lo mismo que Iván:

"La verdad, lo habría aprovechado para ganar. Ganar siempre te hace un mejor atleta."

A veces hay que elegir entre ser justo o sacar ventaja, decidir entre pensar en uno o en el otro. En esos momentos, las personas deciden qué tipo de marca quieren dejar en el mundo.

1
2
17

JACKIE CHAN

(NACIÓ EN 1954)

Jackie creció en las habitaciones para empleados de la casa del embajador francés en Hong Kong. Sus padres, refugiados de la Guerra Civil china, encontraron trabajo cocinando y limpiando ahí.

Jackie saltaba por todas partes con tanta energía que sus padres lo apodaron "bala de cañón". Para cansarlo, su papá lo despertaba todas las mañanas y practicaban Kung Fu en el jardín.

Mostró tal talento que lo metieron a la Academia Dramática de China. Al principio, Jackie estaba emocionado. Pero no le duró mucho. Su dislexia significó una lucha diaria para seguir el ritmo de los otros niños y, además, le hacían bullying. Un día se atrevió a ponerle un alto al niño que lo acosaba, entonces, Jackie se dio cuenta de que tenía el poder de enfrentarlos.

A través de la academia, Jackie consiguió pequeñas actuaciones en las películas chinas. Entrenó de manera implacable: se iba a dormir después de todos los demás y se levantaba antes que ellos para practicar. En poco tiempo ganó la reputación de realizar locas acrobacias que nadie más había pensado.

Durante años, trabajó como doble de riesgo, se fracturó los huesos y le salieron moretones sin que su rostro apareciera en la pantalla. Luego recordó a los héroes de las comedias de su infancia y se le ocurrió la idea de combinar payasadas graciosas con artes marciales disciplinadas. El nuevo estilo fue un éxito. En poco tiempo, Jackie era la estrella más grande de Hong Kong.

Aunque no todo fue miel sobre hojuelas. Jackie se rompió casi todos los huesos del cuerpo en algún momento, estuvo a punto de quedarse ciego y, una vez, toda su familia fue encañonada a punta de pistola por pandilleros. Pero para entonces, Jackie era tan famoso que incluso los criminales temían hacerle daño.

Utilizó su fama y riqueza para establecer fundaciones caritativas y promover causas cercanas a su corazón. Ha recaudado millones para los pobres, los niños, las víctimas de desastres naturales y el tigre en peligro de extinción en el sur de China. Y ha logrado todo eso con miedo a hablar en público y sin saber leer, escribir ni usar una computadora.

JACKSON POLLOCK

(1912-1956)

Los padres de Jackson murieron con un año de diferencia. Fue adoptado por una pareja, expulsado de una escuela y luego de otra...

En su adolescencia, Jackson fue muy infeliz. Se destacó por tener el pelo largo y vestirse de manera diferente. En una carta, escribió: "La gente siempre me ha asustado y aburrido y, por eso, me guardo dentro de un caparazón".

Jackson descubrió sus dos pasiones: la pintura y la naturaleza. Amaba la conexión que el arte nativoamericano mostraba con el mundo natural.

Mientras vivía en Nueva York, Jackson era tan pobre que robaba comida y gasolina para sobrevivir. En aquella época, pintaba imágenes extrañas, surrealistas llenas de símbolos y figuras curiosas.

En la década de 1940, se le ocurrió la técnica que lo hizo famoso en todo el mundo. En lugar de pintar formas con cuidado, Jackson deseaba algo más fluido y vivo, con movimiento. Quería un medio de expresión que viniera desde las entrañas. Y así se creó el *dripping* o "técnica de goteo".

Aventaba, goteaba, chorreaba y salpicaba la pintura por los lienzos. Jackson bailaba alrededor de la tela mientras tiraba la pintura. Así, sentía que se sumergía en la imagen que estaba creando y se convertía en parte de ella, igual que los pintores de arena nativoamericanos en el oeste de Estados Unidos.

Las opiniones se dividieron sobre el arte de Jackson. Una revista preguntó: "¿Es el mejor pintor vivo de Estados Unidos?" Mientras que otra decía: "Esto no es arte, es una broma de mal gusto".

Jackson se enamoró, se casó y se mudó al campo. Empezó a hacer esculturas, pero pasó mucho tiempo luchando con su salud mental y tratando de controlar su forma de beber. Sesenta años después, una de sus pinturas se vendió en casi 4 mil millones de pesos. Ahora se le reconoce como un pintor revolucionario que redefinió el proceso creativo.

18

EL EQUIPO JAMAIQUINO DE BOBSLED

Cuando Devon Harris vio por primera vez un trineo de bobsled en septiembre de 1987, pensó: "Nada hará que me suba en uno de ésos. Es una locura". Dudley Stokes, Michael White y Freddy Powell nunca habían visto uno. Cuatro meses después, todos competirían en los Juegos Olímpicos de Invierno de 1988. Fueron el primer equipo de bobsled de Jamaica.

La idea nació cuando dos hermanos estadounidenses que vivían en Jamaica asistieron al tradicional *push cart derby*, una competencia de carritos. Los concursantes se metían dentro de los puestos de mercado y se movían por circuitos complicados y sinuosos. Los dos hombres pensaron que el deporte se veía muy similar al bobsled y decidieron formar un equipo.

Primero, preguntaron a los atletas nativos si querían participar, pero respondieron que no. Entonces reclutaron un equipo de voluntarios y miembros del ejército. Devon, Dudley, Michael y Freddy se entrenaron en Austria y lograron clasificar de milagro para los Juegos Olímpicos.

El equipo de un país en el que nunca ha nevado entró a sus primeros Juegos Olímpicos de Invierno.

En la competencia de dos hombres no ganaron, pero vencieron a otros 10 equipos. Habían llegado tan lejos que no estaban listos para rendirse. Rápido juntaron dinero vendiendo camisetas y compraron un bobsled de cuatro al equipo canadiense. También entraron en esa carrera.

Volaron por la pista, hasta que chocaron contra una pared. ¡Eso no iba a evitar que terminaran! Recogieron el trineo y lo llevaron hasta la meta, con la multitud enloquecida en aplausos.

Camino a casa, el equipo estaba preocupado de que su país se avergonzara de ellos. Pero no lo estaba. De hecho, el gobierno jamaiquino puso los rostros de Devon, Michael, Dudley y Freddy en timbres postales.

JAMES MATTHEW BARRIE

(1860–1937)

Seguro has escuchado la historia del niño que nunca creció y las aventuras que vivió en el país de Nunca Jamás junto a Wendy, Campanita y los niños perdidos. La historia de Peter Pan fue escrita por un hombre llamado James Matthew Barrie.

James creció en Escocia. Tenía nueve hermanos, pero dos murieron antes de que él naciera.

Cuando tenía seis años, la tragedia volvió a llamar a la puerta: su hermano mayor murió en un accidente de patinaje sobre hielo. Devastó a su madre porque era el hijo favorito, pero a través de un amor compartido por las historias, ella y James se acercaron más y más.

En la escuela, James pasaba la mayor parte del tiempo leyendo, jugando a los piratas y organizando obras en el club de teatro que formó con sus amigos. Sabía que quería ser autor y fue a la universidad a estudiar literatura. Después, James escribió libros para adultos. Tendían a ser graciosos y extraños, pero ninguno atrapó la imaginación del mundo como la mágica historia de los niños.

El personaje de Peter Pan apareció por primera vez en su libro llamado *El pajarito blanco*, pero despegó de verdad en el escenario. La obra se llamaba *Peter Pan* o *El niño que nunca creció* y fue todo un éxito. James usó varios elementos de su vida para tejer el cuento: el perro San Bernardo que compartía con su esposa, los juegos de piratas de su infancia en la escuela y el recuerdo de su hermano mayor, quien nunca tuvo la oportunidad de crecer.

La obra fue un éxito enorme e instantáneo. James transformó la historia en una novela que, desde entonces, se ha convertido en innumerables películas y producciones teatrales.

Cuando murió, dejó las ganancias de los derechos de autor de *Peter Pan* al Hospital de Niños de Great Ormond Street. El niño que nunca creció, hasta la fecha, ayuda a los niños que algún día lo harán.

JEAN GENET

(1910–1986)

La madre de Jean Genet lo entregó en adopción cuando tenía siete meses. Uno de sus padres adoptivos informó que se escapaba por la noche, usando maquillaje. Pronto lo echaron y después lo encarcelaron por vagabundo.

Tres años más tarde, lo liberaron y se unió a la Legión Francesa, pero lo expulsaron por ser gay. Jean vagó por Europa durante los siguientes años, enamorándose, robando para sobrevivir, escribiendo poesía y durmiendo en las calles. Pasó por Polonia, Checoslovaquia, España, Italia, Austria y Bélgica, vestido con harapos y sufriendo un hambre tremenda.

Cuando por fin regresó a París, lo arrestaron por vagabundo y homosexual. En la cárcel, a los prisioneros les daban pedazos de papel de estraza para hacer bolsas. Jean los usó para escribir su primera novela, *Nuestra Señora de las flores*. Cuando un guardia lo descubrió, quemó los papeles. Jean escribió todo de nuevo. Una vez que fue liberado, pagó para imprimir su novela.

La obra era un cuento oscuro y poético sobre una *drag queen* atrapada en una prisión. Homenajeaba al tipo de personas que casi nunca se celebran: los pobres, los gays y los delincuentes. Captó la atención de todo tipo de gente y se convirtió en una gran influencia para muchos escritores.

En 1949, Jean fue arrestado frente a un tribunal y amenazado con cadena perpetua por tener tantas condenas previas. Tres artistas de fama mundial, Sartre, Cocteau y Picasso, fueron directo con el presidente francés y le pidieron la liberación de Jean.

"Es el único genio verdadero en Francia", declaró Jean-Paul Sartre, un pensador francés muy importante.

Funcionó. Jean fue liberado.

En sus últimos años, Jean trabajó con las Panteras Negras en Estados Unidos, una organización que luchaba contra la violencia policial infligida a la comunidad negra; visitó los campos de refugiados palestinos e hizo una campaña incansable por los pobres.

JEONG KWANG-IL

(NACIÓ EN 1963)

En Corea del Norte, a los niños, desde sus primeros días en la escuela, se les enseña que su líder, Kim Jong-un, es un ser divino y perfecto, que su país es el más grande del planeta y que todos los otros países son sus enemigos.

En realidad, Corea del Norte es muy pobre, cruel con su gente e intolerante con cualquiera que hable en contra de este país. Tener algo de procedencia extranjera puede causarte serios problemas, al igual que comunicarte con el mundo exterior.

Jeong era un comerciante que hablaba con los surcoreanos para hacer negocios. Muchas veces, cuando hacían tratos, se reunían y veían películas estadounidenses en secreto. Dijo que, a través de películas como *Titanic*, pudo sentir: "los límites del amor humano y de qué se trata el amor. Porque en Corea del Norte no mueres por amor. Mueres por el querido líder".

Cuando el gobierno descubrió que Jeong había interactuado con los surcoreanos, lo enviaron a un campo para los que se consideran una "amenaza para el Estado". En la prisión, durante meses lo torturaron de forma brutal. Día tras día tuvo las manos esposadas por encima de su espalda, a una altura que no le permitía estar de pie, sentado o dormido. El dolor era tan intenso que Jeong confesó ser un espía, sólo para que eso terminara.

Lo enviaron a un campo de trabajos forzados en las montañas. En esos lugares, obligan a cientos de miles de norcoreanos a hacer un trabajo agotador. Casi no los alimentan y muchos mueren de hambre.

Jeong fue liberado años más tarde, cuando se decidió que no había ningún caso en su contra. Huyó del país.

Ahora trabaja para liberar a otros norcoreanos. Sabe que, si no puede hacerlo físicamente, al menos puede liberar sus mentes de las mentiras que reciben desde la niñez. Para hacerlo, llena tarjetas de memoria con películas, programas de televisión y libros, y los mete de contrabando a Corea del Norte por medio de globos, personas, incluso helicópteros a control remoto. Piensa que esto dará esperanza y ayudará a la gente para que abra los ojos ante la crueldad del régimen que los oprime.

TITANIC

JIMMY CHOO

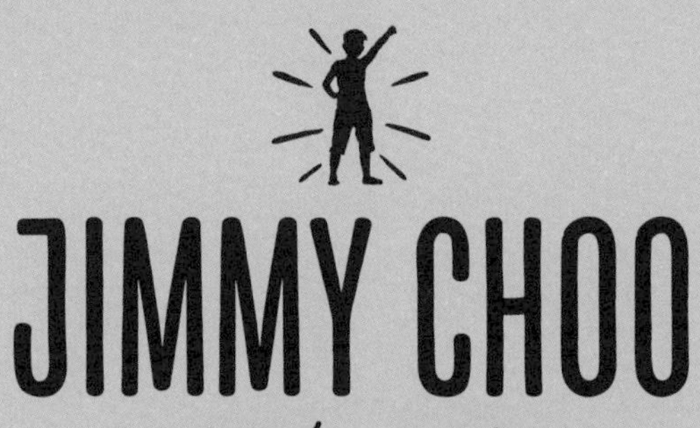

JIMMY CHOO

(NACIÓ EN 1948)

El padre de Jimmy era zapatero. El negocio estaba en la casa familiar. Jimmy tenía 11 años cuando aprendió a armar un zapato. Su padre no lo obligó, sólo quería que tuviera un recurso extra si la vida no salía como él quería. Pero Jimmy quedó cautivado.

Tras una visita a su familia en Londres, Jimmy supo que existía el Cordwainers Technical College y decidió ir para estudiar fabricación de zapatos. Tuvo que trabajar limpiando restaurantes para ganar lo suficiente y sobrevivir.

Cuando terminó el curso, rentó un edificio de hospital viejo y lo usó para diseñar, fabricar y vender sus zapatos. Fue una operación improvisada, pero impulsada por el espíritu y la devoción de Jimmy. Se empezó a correr la voz sobre el hombre de Malasia que hacía hermosos zapatos a mano. Un día, hubo una gran difusión en la revista *Vogue* sobre su trabajo. Al día siguiente, la princesa Diana llamó y le preguntó si podía crear un par de zapatos para ella.

Jimmy llamó a su padre para contarle la buena noticia.

"No eres un diseñador famoso, ¿por qué quiere que tú los hagas?"

Jimmy reflexionó al respecto y resolvió que, quizá, era porque casi nadie tenía la habilidad de hacer zapatos a mano. Miles de personas pueden dibujar diseños, pero sólo unos cuantos pueden usar sus manos para convertirlos en realidad.

La empresa de calzado Jimmy Choo aún produce algunos de los zapatos más coloridos, extravagantes y buscados del mundo.

En la actualidad, Jimmy trabaja para construir un instituto de fabricación de zapatos en Malasia. Así, los jóvenes tendrán la misma oportunidad de perfeccionar su oficio como lo hizo él. Quiere promover la educación, la innovación y el tipo de artesanía tradicional que su padre le enseñó.

JOEL SALINAS

(NACIÓ EN 1983)

Cada vez que Joel miraba televisión, se subía a una montaña rusa de emociones. Cuando un personaje saltaba de alegría, sentía una emoción igual en su corazón. Si a otro lo golpeaba un autobús, también sentía ese dolor. Joel tiene sinestesia tacto-espejo.

La sinestesia tacto-espejo (o espejo táctil como la llaman algunos científicos) significa que cuando Joel ve a una persona sintiendo algo, ya sea emocional o físico, él también lo siente. Hace que un abrazo sea particularmente intenso. En la escuela, Joel trataba de abrazar tanto a los otros niños que lo creyeron raro. Al sentirse rechazado, pasaba cada vez más tiempo frente a la televisión.

Conforme crecía, Joel se dio cuenta de que disfrutaba mucho curar a las personas. Ayudar a otros no sólo los hacía felices a ellos, sino que su sinestesia significaba que también él se sentía más feliz. Decidió estudiar medicina.

La escuela fue muy difícil. Cada vez que los estudiantes tenían que operar a alguien, Joel sentía que el cuchillo también lo cortaba. Si alguien moría, tenía que ir al baño porque le daban náuseas y vomitaba.

Pero su característica tenía ventajas. Joel estaba tan en sintonía con sus pacientes que podía detectar pequeños síntomas. Sabía cuando estaban deshidratados, tenían asco o luchaban por respirar, porque sentía todo eso con ellos.

En la actualidad trabaja en el Hospital General de Massachusetts y realiza investigaciones sobre diferentes aspectos del cerebro humano. También escribió un libro sobre sus experiencias.

La sinestesia tacto-espejo puede dificultar la vida, pero Joel no cambiaría nada.

"Gracias a que puedo ser parte de ese dolor y sufrimiento, los pacientes se sienten menos solos y eso significa mucho en medicina."

JOHN COOPER CLARKE

(NACIÓ EN 1949)

De niño, John tuvo tuberculosis y quedó débil y propenso a contraer enfermedades. Mientras que otros niños salían a jugar, él debía quedarse en casa, solo, con sus pensamientos.

Se enamoró de la poesía gracias a un profesor de inglés, en la escuela, que les recitaba obras de los poetas románticos del siglo XIX y los animaba a aprender versos de memoria. El maestro explicó que cuando alguien aprende un poema, es algo que siempre llevará consigo.

John deseaba convertirse en poeta, pero no estaba seguro de cómo hacerlo. ¿Dónde estaban los poetas? Quería saberlo. No veía ninguno en Manchester.

En lugar de ir a las librerías o bibliotecas, John viajó con bandas de punk y músicos de rock. Antes de que tocaran, subía al escenario sólo con un micrófono y recitaba a voz de cuello sus poemas extraños, oscuros y divertidos ante las multitudes asombradas. Los espectadores reconocían su espíritu rebelde y lo recibían como uno de los suyos.

Escribió acerca de todos los temas, desde casarse con un extraterrestre hasta vacaciones en Mallorca y desde las calles pobres de su ciudad hasta perder una pelea de Kung Fu. Uno de sus poemas, "Quiero ser tuyo", se lee con frecuencia en bodas y se convirtió en una canción famosa de los Arctic Monkeys. Otro, "Evidently Chickentown", se leyó en la escena final de uno de los dramas de televisión estadounidense más grandes de todos los tiempos.

En la actualidad John tiene 70 años. Todavía usa el cabello despeinado, largo y esponjado, jeans ajustados y lentes oscuros. Y sigue llenando los teatros de personas que quieren pasar una noche escuchándolo leer sus poemas.

JOHN GURDON

(NACIÓ EN 1933)

"Creo que tiene la idea de convertirse en un científico", decía el informe escolar de John. "Lo cual es bastante ridículo." En biología, John quedó en último lugar entre 250 niños de la escuela y, en las demás materias, apareció en el grupo más bajo. Sin importar qué tan interesado estuviera en la ciencia, parecía condenado a disfrutarla como un pasatiempo.

Después de recibir un informe tan deprimente, John decidió que sería mejor estudiar otra cosa, por eso entró a Estudios Clásicos en la Universidad de Oxford. Por suerte, algo se revolvió en la oficina de admisiones y se quedó en Zoología.

Unos años más tarde, John realizó un procedimiento innovador. Sacó una célula del intestino de una rana, aisló sus genes y los puso en una célula de huevo. El resultado: un clon de la rana original.

Fue un logro monumental y se opuso a todo lo que los científicos creían en ese momento. Los resultados fueron tan inesperados que pasaron 10 años antes de que todos los aceptaran. Cuando lo hicieron, el proceso se usó en la clonación de la oveja Dolly y en el uso de células madre para reemplazar los tejidos dañados o enfermos, en cuerpos humanos vivos.

Años más tarde, cuando John recibió una llamada diciendo que había ganado el premio más grande en ciencia, pensó que era un amigo fingiendo una voz graciosa para jugarle una broma. No lo era. Recibió el Premio Nobel por descubrir que las células se pueden reprogramar.

John es la prueba de que lo que sucede en la escuela no siempre determina el curso que seguirá tu vida. Nunca sabes dónde terminarás. John colgó el informe de la escuela junto a su escritorio para recordar eso.

JOHN WOOD

(NACIÓ EN 1964)

Durante siete años, John tuvo un trabajo muy importante y bien pagado en Microsoft. Un día, decidió hacer una larga excursión por los Himalayas.

En sus viajes, descubrió que muchas veces los pobres son pobres porque no pueden acceder a la educación... y no tienen acceso a la educación por falta de recursos. Es un círculo vicioso. Los niños solicitaban cosas tan básicas como un lápiz. En una escuela de Nepal, encontró que sólo había unos cuantos libros para 450 estudiantes, y ninguno era infantil. Fue directo al cibercafé más cercano y envió un correo electrónico a todos los que conocía, pidiéndoles que enviaran material de lectura más interesante y adecuado.

Después, John descubrió que alrededor de 800 millones de personas en el mundo no saben leer ni escribir. De esa cantidad, casi dos tercios son mujeres. Tiempo después, regresó a la escuela de Nepal y les dio 3 mil libros.

Para seguir ayudando, John fundó Room to Read, una organización benéfica cuyo objetivo es hacer que la educación esté disponible para todos. Renunció a su importante trabajo en Microsoft y se dedicó a Room to Read de tiempo completo. El tropezar por accidente con esa escuela en las montañas le demostró qué tipo de diferencia podía hacer en el mundo y, al hacerlo, cambió el curso de su vida.

Todo vale la pena al ver las caritas de los niños iluminarse mientras pasan las páginas de libros sobre el universo, las profundidades del océano y la exótica variedad de vida salvaje en la Tierra.

Los fondos de la caridad provienen de donaciones privadas. Los que contribuyen se sorprenden al enterarse cuánto puede hacer su dinero: abrir una biblioteca escolar y capacitar a un bibliotecario cuesta 100 mil pesos; enviar a una niña a la escuela durante todo un año cuesta 5 mil pesos; producir un libro en un idioma como nepalí, vietnamita o jemer cuesta 20 pesos. Una vez, en Estados Unidos, una niña donó dos dólares tras vender todos los dulces que consiguió en Halloween. Estaba feliz porque sería suficiente para imprimir un libro.

Room to Read ha construido más de mil 500 escuelas y 18 mil bibliotecas; distribuido más de 20 millones de libros y ayudado a más de 37 mil niñas para entrar a la secundaria. John está más feliz que nunca.

JYOTIRAO PHULE

(1827-1890)

Jyotirao nació como un dalit en la India, es decir, era un intocable. Los intocables no pueden vivir dentro de un pueblo de casta superior, comer en la misma habitación o beber del mismo pozo que un miembro de una casta superior y otras cosas parecidas. Los únicos trabajos disponibles para los intocables consisten en preparar cadáveres, limpiar baños o matar ratas.

Jyotirao tuvo mucha suerte. Aunque se suponía que debía abandonar la escuela desde pequeño, los vecinos (un musulmán por un lado y un cristiano por otro) convencieron a su padre de que lo dejara continuar. Jyotirao se casó con una niña de 13 años, según la costumbre en aquella época. Como sabía lo importante que era el aprendizaje, le enseñó a leer y escribir en secreto. Pero su familia lo expulsó por eso.

Jyotirao y su esposa, Savitribai, crearon la primera escuela india para niñas y para miembros de los intocables. Les abrieron su casa a los intocables y los invitaron a usar su pozo. Jyotirao instó al gobierno para aprobar leyes que promovieran la igualdad e hicieran obligatoria la educación primaria en todos los pueblos. Tal ley no se aprobó hasta más de cien años después, en 2009.

A pesar de las reformas favorecidas por el trabajo de Jyotirao, en la actualidad los dalits todavía enfrentan una discriminación extrema. No se les permite tocar alimentos ni agua en las escuelas, no se les admite en los templos, se sientan en la parte de atrás de las aulas y, a veces, los maestros los golpean. Pero ahora, en la India, más niñas que nunca reciben educación. Debemos agradecer a Jyotirao y Savitribai por iniciar este cambio.

KIMANI MARUGE

(1920–2009)

En 2004, Kimani rompió un récord mundial. No fue por conducir rápido o comer cien hot dogs en un minuto, sino por ser la persona más vieja en inscribirse a la escuela primaria. Kimani tenía 84 años.

Kimani siempre soñó con leer la Biblia por su cuenta. La pobreza y la falta de oportunidades educativas hicieron que se volviera un deseo imposible. Su vida fue difícil: trabajar duro, labrar la tierra y conseguir comida suficiente para sobrevivir.

Luego, cuando la guerra se apoderó de Kenia, Kimani luchó en la Rebelión del Mau Mau, tratando de liberar a los detenidos por los británicos. Perdió un pie y sufrió torturas a manos de los soldados. Lo encarcelaron durante 10 años. Cuando por fin lo liberaron se casó, tuvo hijos y trató de reconstruir su vida.

Entonces, Kimani escuchó que el gobierno de Kenia hizo gratuita la educación primaria. Confeccionó un uniforme de su tamaño y apareció en la puerta de la escuela con pantalones cortos, calcetines largos y una bolsa de libros colgando del hombro. Algunas personas estaban en contra de que estudiara con niños. Otras pensaban que estaba loco.

A Kimani no le importó. Sabía que todos tenían derecho a una educación y estaba decidido a obtener la suya, sin importar la edad que tuviera.

Pronto, pudo leer la Biblia como siempre había soñado. Y la leyó todos los días.

Incluso cuando la violencia se propagó de nuevo y Kimani tuvo que mudarse a un campamento de refugiados, caminaba cuatro kilómetros diarios para asistir a la escuela. La película *The First Grader* está basada en su vida. Kimani inspiró a las personas de toda Kenia y más allá. Las animó a buscar oportunidades y les enseñó con el ejemplo que nunca es demasiado tarde para cambiar, crecer y aprender.

KYLIAN MBAPPÉ

(NACIÓ EN 1998)

Kylian creció en Bondy, un *banlieue* (suburbio) pobre de París con un alto índice de criminalidad, donde la vida era dura. Su padre era el entrenador del equipo de futbol local; algunos de los jugadores recuerdan a Kylian, de dos años, vagando por ahí y sentándose a escuchar las conversaciones previas al partido.

A los seis años, Kylian llenaba cada minuto libre con futbol. Su habitación estaba tapizada de carteles de Cristiano Ronaldo y, si no estaba jugando, estaba anotando goles en la sala o jugando FIFA con su hermano.

Los otros niños se reían porque Kylian corría de forma chistosa, ya que su cuerpo era raro y siempre parecía que dejaba un brazo atrás. Pero no importaba. Kylian era tan bueno que pasaba la mayor parte del tiempo jugando con chicos más grandes para evitar el aburrimiento. Incluso a esa edad, confundía a los defensas con una especie de finta o paso para esquivar llamado en francés *passement de jambes*.

A los 16 años, Kylian firmó con Mónaco. Se convirtió en el jugador más joven en anotar para ellos y rompió el récord que tenía Thierry Henry.

Cuando ganó la final sub-19 con Francia, todos los compañeros del equipo salieron de fiesta. Menos Kylian: se fue directo a casa, a dormir. Ahora que había completado un objetivo, estaba listo para fijarse el siguiente.

En la Copa del Mundo 2018, Kylian se convirtió en el primer futbolista adolescente en anotar múltiples goles en las eliminatorias, algo que no pasaba desde Pelé en la década de 1950. Donó todo el dinero que ganó a Premiers de Cordée, una organización benéfica que ofrece oportunidades deportivas a niños con discapacidades.

Cada vez que Kylian anota, posa con los brazos cruzados y las manos metidas en las axilas. Es la postura que solía tomar su hermano cada vez que le metía un gol cuando jugaban FIFA.

En la actualidad, hay una imagen gigante de Kylian pintada en el costado de un edificio en Bondy. Detrás de ella, se lee lo siguiente: "Bondy, la ciudad de las posibilidades".

LEE RIDLEY

(NACIÓ EN 1980)

En 2018, cuando Lee entró al escenario de *Britain's Got Talent*, nadie sabía qué esperar. ¿Canto? ¿Baile? ¿Magia? Lee se presentó como Lost Voice Guy. Con la ayuda de una computadora que habla, contó chistes e hizo reír a millones de personas en toda Gran Bretaña.

La multitud le dio una ovación de pie. Los jueces dijeron que era el mejor comediante que habían visto.

Lee fue diagnosticado con parálisis cerebral a los seis meses de edad. Es un trastorno que afecta la capacidad de controlar los músculos y puede llevar a problemas de visión, audición, habla y aprendizaje. Después de dos meses en coma, fue incapaz de desarrollar el poder del habla. Se sintió aislado hasta su octavo cumpleaños, cuando le regalaron una forma computarizada de comunicarse.

Sus padres dicen que nunca dejó que su trastorno lo detuviera. A menudo, usaba el humor como una especie de escudo: "Si no me riera, seguro lloraría".

Le encantaba hacer imitaciones. Cuando creció, dejó su trabajo para dedicarse de tiempo completo a la comedia. Rindió frutos cuando los votos comenzaron a aumentar en *Britain's Got Talent*.

Días antes de la final, Lee se cayó y lesionó en la habitación del hotel. Sus fans se sorprendieron al verlo con la cara golpeada. Como siempre, Lee vio el lado gracioso. Escribió: "Por esto Lost Balance Guy nunca llegó a *Britain's Got Talent*... [porque perdió el equilibrio y se cayó]".

Lee ganó la competencia, recibió 250 mil libras (más de 5 millones de pesos) y la oportunidad de presentarse frente a la Reina.

Hasta el momento, no se conoce ninguna cura para la parálisis cerebral. En una de sus bromas dice: "La verdad, tengo mayor cobertura con parálisis que sin ella, así que ¡esperemos que nunca encuentren una cura para mí!"

LEOPOLD SOCHA

(1909–1946)

Leopold era huérfano, tenía una vida dura y pasó la mayor parte de sus años como un ladronzuelo. Trabajaba en las aguas residuales cuando los nazis ocuparon su ciudad: Lviv, Ucrania.

Los nazis obligaron a los habitantes judíos de Lviv a entrar en un área cada vez más pequeña: el *ghetto*. Un día, un carpintero judío llamado Ignacy Chiger se dio cuenta de que estaban a punto de limpiar el *ghetto* y matar a todos los que vivían en él. Entonces, con desesperación, él y su familia se escondieron en las alcantarillas.

Ahí conocieron a Leopold, quien los descubrió y aceptó ayudar a la familia a cambio de dinero.

Los Chiger vivían entre ratas, gusanos y el flujo constante de apestosas aguas negras. No volvieron a ver el cielo y estaban tan cerca de la superficie que tenían que hablar en susurros.

Pronto, la familia se quedó sin dinero. Leopold, su esposa y un amigo acordaron juntar sus ahorros y ayudarlos con lo poco que tenían.

Leopold pasó de ayudar a la familia por dinero, a hacerlo desde la bondad de su corazón, aunque eso lo puso en peligro de muerte. Fue muy difícil. El agua potable se conseguía de una fuente a muchos kilómetros de distancia y la comida era escasa para todos.

Los niños de los Chiger llegaron a ver a Leopold como un segundo padre. Se sentaba con ellos durante horas, platicando, enseñando y respondiendo preguntas. Su madre creía que era un ángel enviado por Dios para cuidarlos.

Cuando la ciudad fue liberada por los rusos y Leopold estuvo seguro de que no había peligro, ayudó a la familia Chiger a salir de la alcantarilla. Estuvieron 14 meses bajo tierra.

Un año después del final de la guerra, Leopold y su hija salieron a andar en bicicleta, y de repente un camión del ejército se dirigió directo a ellos. Leopold logró sacar a su hija del camino, pero murió... salvando una vida más.

LITTLE RICHARD

(NACIÓ EN 1932)

Richard nació con una pierna más corta que la otra, por eso caminaba de manera diferente. Los otros niños se burlaban de él. Era tan pequeño y delgado que su familia lo llamó "Lil' Richard".

A Richard no le importaba (le encantaba ponerse el maquillaje de su madre y cantar sus canciones favoritas). A una edad temprana, se dio cuenta de que era gay, eso enfureció tanto a su padre que lo corrió de la casa.

Entonces Richard se dio cuenta de que podía ganar dinero a través de la música. Cantó en espectáculos de góspel, en bandas itinerantes, incluso en una especie de publicidad para atraer clientes al vidente local (un hombre llamado Doctor Nubilio, que llevaba un turbante, una capa y hacía predicciones para el futuro).

Las presentaciones en vivo de Richard llamaron mucho la atención de la gente. Era extravagante, histriónico y a menudo se disfrazaba de *drag*, con cabello largo y maquillaje fabuloso. Le ofrecieron su primer contrato de grabación cuando trabajaba como lavaplatos. Su canción "Tutti Frutti" se convirtió en un éxito inmediato en todo el mundo.

En aquel momento, Estados Unidos todavía era un país dividido y racista. Casi siempre, los conciertos eran para personas sólo de raza blanca o negra. Pero no las presentaciones de Little Richard. Aunque blancos y negros empezaban separados en los conciertos, por lo general terminaban bailando juntos.

A lo largo de su vida, Richard luchó con su sexualidad. A veces, sentía que Dios no lo aprobaba y, otras, sabía que Dios amaba a todos, tal como eran.

En la cumbre de su éxito, Richard abandonó la música. A la mitad de una gira por Australia, renunció a todo para ingresar a una escuela religiosa en Alabama.

"Tutti Frutti" es aclamada como la canción que originó la música rock. Una vez, Little Richard dijo: "Elvis puede ser el Rey del rock &roll, pero yo soy la Reina".

LOUIS KAHN

(1901–1974)

Louis tuvo un accidente a los tres años. Esto le dejó una gran cicatriz en la cara y los ojos tan dañados que apenas podía ver a unos pocos metros de distancia. Su familia era tan pobre que buscar tratamiento no fue una opción.

Nada de eso frenó el entusiasmo de Louis por el arte. Sus padres no podían comprarle lápices o materiales, entonces quemaban ramitas y las convertían en carboncillos para que hiciera dibujos y los vendiera. Tiempo después, ganó dinero tocando el piano como fondo de las películas mudas.

Louis estudió arquitectura en la universidad. Cuando se graduó, viajó por Europa. Los antiguos castillos y las mansiones ornamentadas dejaron en él una profunda huella. De regreso a Estados Unidos, entrelazó esas influencias en su trabajo como arquitecto.

Desarrolló su estilo característico hasta los 50 años. Dibujó planos y construyó creaciones monumentales, extrañas y futuristas que atrajeron la atención de todos. Construyó galerías de arte, instituciones y parques. Todas inspiradas en las estructuras antiguas y las ideas del futuro. Sus edificios tenían sorpresas, jugaban con la luz y te incitaban a correr a través de ellos.

Louis confiaba en sus materiales. Creía que sabían para qué estaban destinados.

"¿Qué quieres ser?", le preguntaba a un ladrillo.

"¿Dónde te ves?", le cuestionaba a una tabla de madera.

A este arquitecto no le importaba qué hacían los demás y nunca comprometió su visión. Por estas razones, a menudo la gente evitaba trabajar con él y, aunque era admirado en todo el mundo, su compañía pronto comenzó a perder dinero.

Louis murió de un ataque cardiaco en Penn Station, Nueva York. Su familia encontró unos planos en su maletín: era un gran memorial para Franklin D. Roosevelt. Al final, casi 40 años después, se construyó ese monumento.

LOYLE CARNER

(NACIÓ EN 1994)

A Loyle le diagnosticaron trastorno por déficit de atención e hiperactividad (TDAH) a una edad temprana. Descubrió que cocinar le ayudaba a relajarse por completo. También encontró una salida en la escritura, aunque su dislexia hizo que los maestros le dijeran que buscara algo más. Ben no les hizo caso. Quería expresarse a través de las palabras.

A los 18 años, dio su primer concierto oficial de rap con el nombre de Loyle Carner. Meses después murió su padrastro... Loyle convirtió su dolor, rabia y aflicción en un conjunto de canciones que resonaron en los fanáticos de todo el mundo. Ese disco se llamó *A Little Late*.

Un día, mientras daba un gran concierto en el Festival de Glastonbury, Loyle subió al escenario a su madre para bailar. La familia siempre fue su mayor influencia. Sus padres aparecen en las grabaciones de su álbum y, a veces, mientras rapea, saca una playera de futbol que perteneció a su padre. Al terminar el concierto de Glastonbury el público estaba lleno de hombres llorando; dijo que se sintió conmovido y lleno de vida porque a veces todos necesitamos ese tipo de liberación.

En octubre de 2017, Loyle apareció en las noticias por expulsar a un hombre de su espectáculo tras escuchar que le gritó algo grosero a una mujer. Algunas personas dijeron que era de esperarse en un concierto de hip-hop. Pero Loyle se puso firme y dijo:

"El hip-hop proviene de la poesía y el jazz, el blues y el dolor, es un medio para que las personas se expresen. No para que traten a las mujeres con faltas de respeto."

Loyle sigue recorriendo el mundo, además de abrir una escuela de cocina para niños con TDAH. Espera que esto les ayude a encontrar una salida creativa para sus sentimientos, de la misma forma que lo hizo él.

MAGNUS HIRSCHFELD

(1868–1935)

Cuando Magnus estudiaba en la escuela de medicina, exhibieron frente a los estudiantes a un hombre gay desnudo encerrado desde hacía 30 años. A pesar de que era 1888 y la homosexualidad era ilegal en Alemania, la crueldad del acto lo impactó hasta la médula.

Lo que le sorprendió, más que la forma de tratar a ese hombre, era que a ninguno de los otros estudiantes parecía importarle.

Años después, cuando Magnus se había convertido en médico, una noche salió de cirugía y encontró a un soldado angustiado que luchaba contra su homosexualidad y lo estaba esperando para hablar con él. Magnus le pidió que volviera por la mañana. Esa noche, el soldado se suicidó.

El acto hizo que Magnus se decidiera a luchar por anular el párrafo 175, la parte de la ley alemana que indicaba la homosexualidad como algo ilegal.

Logró presentar argumentos ante el gobierno para su discusión, pero fue derribado. Decidió realizar una táctica diferente y llevó al jefe de policía en un recorrido por bares y clubes de gays a través de Berlín. El comisionado se sorprendió al encontrar a estos hombres amables, ingeniosos, divertidos y elegantes, en lugar de los animales degenerados que le habían hecho creer que eran. Magnus esperaba que este descubrimiento hiciera que la policía cumpliera sus leyes contra los homosexuales de forma menos severa.

Magnus fundó el Instituto para la Investigación Sexual. Ahí vio a miles de pacientes gays y transgénero que esperaban obtener una mejor comprensión de su sexualidad. Su receta era animarlos a ser ellos mismos y aceptarse.

Cuando los nazis llegaron al poder, destruyeron el instituto, quemaron los libros y usaron sus listas de pacientes para reunir a los homosexuales y llevarlos a los campos de concentración. Magnus huyó a Francia, donde murió poco después.

Pasaron más de 100 años antes de que la ciencia y la sociedad alcanzaran, entendieran y aplicaran el trabajo revolucionario de Magnus. Gracias a sus esfuerzos en la lucha por los derechos de las minorías sexuales, nunca será olvidado.

MAHMOUD DARWISH

(1941–2008)

A los siete años, Mahmoud y su familia fueron expulsados de su hogar en Galilea mientras el ejército israelí ocupaba Palestina. Más tarde, regresaron en secreto y encontraron su pueblo destruido. Los militares habían tomado el poder.

Mahmoud quería ayudar a mantener una identidad para el pueblo de Palestina y se comprometió a conservar vivo a su país a través de la poesía.

A los 19 años, publicó su primer poemario, *Pájaros sin alas*. Se fue de casa (ahora parte de Israel) para estudiar en Rusia y Egipto. Cuando intentó regresar, descubrió que lo habían expulsado del país al que una vez había llamado hogar por involucrase con un grupo que apoyaba la libertad de los palestinos. Al final, lo dejaron regresar a un área determinada, pero nunca pudo sentirse seguro o en paz.

Mientras tanto, su poesía se traducía alrededor del mundo y ganaba múltiples premios.

A pesar de su popularidad, Mahmoud prefería estar solo y sólo tenía un pequeño grupo de amigos. Esto no afectó su fama. Se llenaban estadios completos para escucharlo leer. Pronto se le conoció como el poeta nacional de Palestina.

A veces, le frustraba que la gente pusiera tanto significado político en sus poemas. Cuando escribía sobre su madre, las personas suponían que era una metáfora de Palestina, su país de origen. En realidad, la mayor parte del tiempo, sólo escribía sobre su madre.

Sin importar cómo se interpreten, los poemas de Mahmoud resuenan en la actualidad. Mientras los palestinos siguen en la lucha contra la ocupación israelí, guardan en sus corazones la poesía de Mahmoud. Les sirve como un recordatorio del hogar, la esperanza y la humanidad.

Una vez escribió:

De mi frente se escinde la espada de la luz

Y de mi mano brota el agua del río...

Todos los corazones de la humanidad son mi nacionalidad.

¡Retiradme el pasaporte!

MAMOUDOU GASSAMA

(NACIÓ EN 1996)

La violencia, escasez de alimentos e inestabilidad política significan que la vida de muchas personas en Malí es increíblemente peligrosa. Muchas tratan de irse por cualquier medio posible.

Mamoudou logró salir en 2017. Pisó Francia después de ser golpeado y arrestado en su camino a través de Burkina Faso, Níger, Libia, además de un viaje largo y peligroso por el Mediterráneo hacia Europa. Llegó a París como inmigrante sin papeles: significaba que no podía tener trabajo, casa o cuenta bancaria de manera legal y que, si lo atrapaban, corría el riesgo de ser enviado de regreso a su país (deportado).

Un día, mientras caminaba por el distrito XVIII de París, Mamoudou descubrió que un niño de cuatro años colgaba del barandal de un balcón. Los padres del niño lo habían dejado solo en casa mientras iban de compras. El pequeño se cayó mientras jugaba, pero se agarró con fuerza de la orilla, aunque ahora estaba teniendo problemas para sostenerse. La caída debajo de él era terrible: cuatro pisos. Los adultos en los balcones cercanos intentaban acercarse a él con desesperación, pero estaba demasiado lejos. Los transeúntes gritaban. Nadie sabía qué hacer.

Mamoudou apenas se detuvo a pensar.

Corrió hacia adelante y comenzó a "escalar" por los balcones hacia el niño. Con un increíble coraje, condición física y pura determinación, Mamoudou logró alcanzar al niño y salvar su vida.

Como resultado de sus acciones, recibió la ciudadanía legal del presidente de Francia y la alcaldesa de París lo llamó "Hombre araña".

Ahora, Mamoudou trabaja como bombero voluntario en esa ciudad.

Por muy conmovedora que sea su historia, muchas personas piensan que no se debería subir a un edificio y rescatar a un niño para que se le dé algo que todos merecen: un lugar seguro al cual llamar hogar.

MATTIE STEPANEK

(1990-2004)

Mattie nació con miopatía mitocondrial y disautonomía. Es una enfermedad que afecta casi todas las funciones del cuerpo, desde la frecuencia cardíaca hasta la digestión y la respiración.

Mattie tuvo tres hermanos, Katie, Stevie y Jamie, que sufrieron la misma enfermedad y fallecieron antes de los cuatro años. Gracias al progreso de la medicina, él sobrevivió más tiempo.

Tiempo después de la muerte de Jamie, Mattie descubrió que la poesía era la mejor manera de capturar, expresar y compartir sus sentimientos con el mundo. Su primer poemario, *Heartsongs*, ganó un premio nacional. Se llama así porque Mattie cree que cada persona tiene un propósito dentro de sí, y que estos propósitos se llaman *heartsongs*.

Sus libros de poemas siguen vendiendo millones de copias e inspiran a millones de personas para ser conscientes, agradecidas y amantes de la paz.

"Todos tenemos tormentas de vida. Y en vez de sólo sufrir, y luego esperar sentados y llorando a que llegue la siguiente para derrumbarnos, debemos celebrar juntos que la hemos superado".

Cuando no estaba escribiendo, le gustaba estudiar, leer y practicar artes marciales. Incluso se ganó un cinturón negro en hapkido. Cuando Mattie conoció a su héroe, el presidente Jimmy Carter, fue este último quien quedó más impresionado y lo llamó la persona más extraordinaria que había conocido.

Mattie murió en 2004 a los 13 años. Se creó una fundación en su honor, se abrió un parque con su nombre en Maryland y se realizó una interpretación de sus poemas con música de orquesta y un coro en el Carnegie Hall.

Una vez dijo: "Quiero que me recuerden como un poeta, un pacificador y un filósofo".

Y justo así se le recuerda.

MICHAEL PHELPS

(NACIÓ EN 1985)

A Michael le diagnosticaron trastorno por déficit de atención e hiperactividad (TDAH) cuando era niño. Esto significaba que estaba lleno de energía y le resultaba difícil concentrarse o controlar su vitalidad. Por suerte, encontró una salida para todo ese brío en la alberca.

Al principio le daba miedo meter la cara bajo el agua. Cuando lo superó, demostró ser un nadador natural. Su gran tamaño, tobillos extremadamente flexibles y una increíble cantidad de determinación hicieron que Michael compitiera al más alto nivel.

En los Juegos Olímpicos de 2008, Michael nadó tan bien que la gente pensó que hacía trampa. Nueve pruebas después, demostró que no.

Luego, se convirtió en el atleta olímpico más premiado de la historia con un total de 28 medallas obtenidas a lo largo de cinco Juegos Olímpicos.

Pero entre los grandes momentos de gloria, Michael luchaba con su mente. Olas abrumadoras de desesperación lo hacían tan infeliz que, a veces, ya no quería vivir.

En un centro de tratamiento, Michael aprendió a expresar y entender sus emociones. Aprendió que era correcto no siempre estar o sentirse bien, siempre y cuando no tratara de reprimirlo y pudiera ser honesto con la gente que lo rodeaba.

Desde entonces, Michael dejó de competir para centrar sus esfuerzos en dirigir una organización benéfica que ayude a los jóvenes a encontrar un significado a través de la natación, hacer campaña por la salud mental y animar a todos a expresar cómo se sienten.

¿Extraña nadar?

En realidad, no. Una vez, Michael dijo: "Para mí, estos momentos, sentimientos y emociones son mejores, por años luz, que ganar la medalla de oro".

NOUSHAD AFRIDI Y KHITTABSHAH SHINWARI

En 2002, Amardeep Bassey, un reportero británico, viajó a Afganistán para narrar el impacto que la invasión estadounidense tenía en la gente. Era un lugar peligroso y, por seguridad, contrató a dos guías locales, Noushad y Khittabshah.

Ambos pertenecían a las tribus pastunes que habitan en el Paso Khyber, una ruta peligrosa, montañosa y la conexión principal entre Afganistán y Pakistán. Juntos ayudaron a Amardeep a cruzar con éxito desde Pakistán a Afganistán. En la ciudad capital, Kabul, el periodista entrevistó a personas comunes y corrientes sobre cómo la guerra afectaba sus vidas cotidianas. Luego regresó a Pakistán con Noushad y Khittabshah.

En la frontera los detuvieron. Dijeron que Amardeep no tenía la visa correcta para pasar.

"Ustedes dos pueden irse", dijo la guardia fronteriza a los miembros de la tribu pastún. "Pero nos llevamos a éste."

Los guardias estaban convencidos de que Amardeep era un espía indio. Lo llevaron a la cárcel y lo encerraron en una pequeña celda llena de ladrones, asesinos y terroristas. Ser occidental significaba ser un gran objetivo de la violencia dentro de la prisión. Pero no estaba solo. Noushad y Khittabshah se ofrecieron como voluntarios para ser arrestados junto a él. No abandonaron al hombre al que habían prometido proteger.

"Sin ellos me habría derrumbado", dijo Amardeep.

Los dos hombres lo cuidaron durante 28 días. Al final, cuando los guardias liberaron a Amardeep, obligaron a Noushad y Khittabshah a permanecer en la cárcel hasta que saliera de Pakistán.

Los tres se mantuvieron en contacto. Años más tarde, Amardeep regresó a Pakistán para agradecer a los dos hombres que fueron a prisión por ayudar a un extraño de una tierra lejana.

OLIVER PERCOVICH

(NACIÓ EN 1974)

Al crecer en Papúa Nueva Guinea, Oliver se entretenía patinando en una alberca vacía. Años más tarde, después de mudarse a Afganistán para estar con su novia, sacó de nuevo su patineta para pasear por las calles de la ciudad.

Le asombró la emoción de los niños cuando pasaba frente a ellos, deslizándose sobre cuatro ruedas. En especial, las niñas. Lo perseguían con curiosidad por la tabla bajo sus pies y le preguntaban si podían intentarlo. De repente, Oliver se dio cuenta de que este deporte tenía potencial para unirlos. En un país donde 50% de la población tiene menos de 15 años, dar a los niños algo positivo en qué ocuparse era vital.

También fue una gran oportunidad para que las niñas se involucraran en el deporte. Como el *skateboarding* (o monopatinaje) era tan nuevo en Afganistán, no había ideas preconcebidas acerca de quién debía o podía practicarlo. Durante años, a las niñas les enseñaron que no podían jugar futbol, volar papalotes o andar en bicicleta, pero nadie les dijo nada sobre andar en patineta. Muchas se enamoraron del *skateboarding*.

Oliver empezó a reunir donaciones y organizar prácticas con niños de toda la ciudad. Descubrió que, al patinar juntos, aprendían a confiar entre sí, independientemente del género, la etnia o la riqueza de sus familias.

Para mantener el impulso y la emoción, Oliver fundó una organización benéfica llamada Skateistan. El grupo quiere que los niños se interesen por los deportes, tengan educación, se involucren en artes creativas y aprendan habilidades de liderazgo.

El *skateboarding* se ha convertido en el deporte más popular para las niñas en Afganistán. En un país clasificado como uno de los peores lugares del mundo para ser mujer, la patineta les ha dado la oportunidad de sentirse libres.

Desde entonces, Skateistan se ha extendido más allá de Afganistán, construyendo parques para patinar en Sudáfrica y Camboya. Su objetivo es dar a los niños las habilidades necesarias para transformar sus vidas.

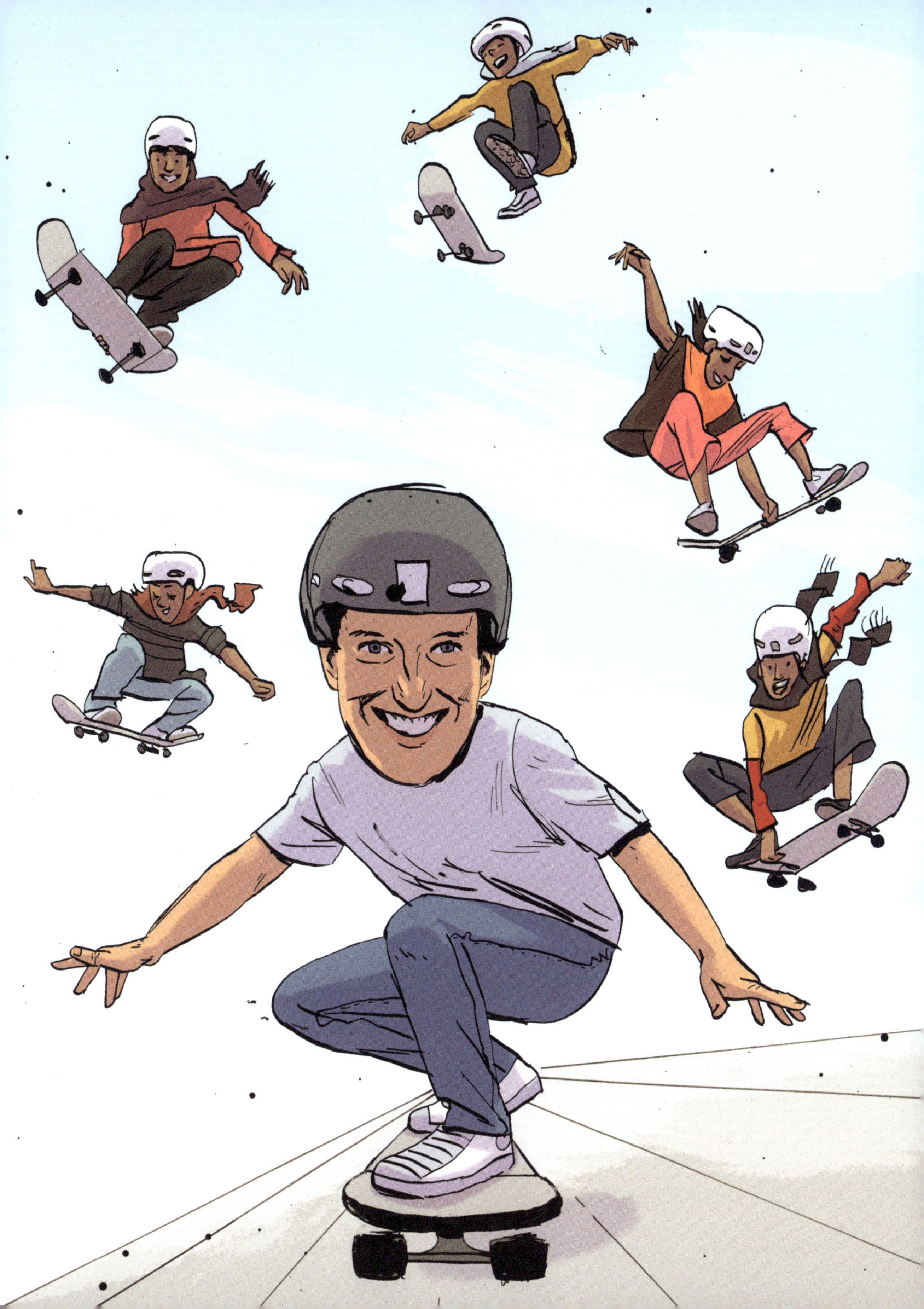

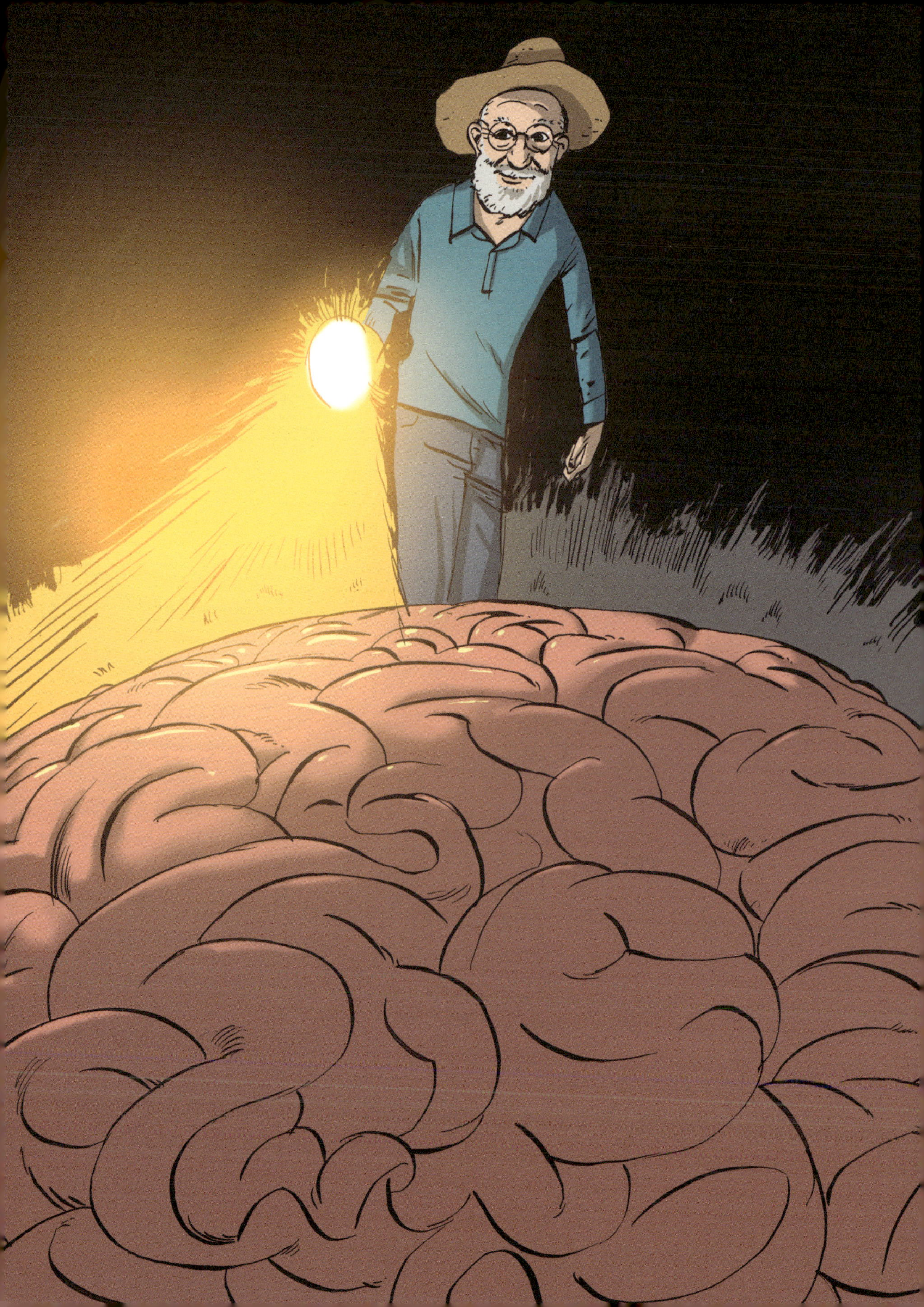

OLIVER SACKS

(1933–2015)

Oliver lidió con una timidez extrema toda su vida. Siempre creyó que era resultado de tener un trastorno cerebral llamado ceguera facial, el cual no permite reconocer o recordar los rostros. Oliver ni siquiera podía reconocer su reflejo en el espejo. Fue su introducción al extraño mundo de los trastornos cerebrales.

Al crecer en una familia de médicos, Oliver estuvo expuesto a la ciencia desde temprana edad. En la Segunda Guerra Mundial, él y su hermano tuvieron que evacuar su casa durante cuatro años por los bombardeos a Londres. Terminaron viviendo con una familia cruel que apenas y los alimentaba. Cuando regresó a casa, Oliver se dedicó a la química y descubrió su interés en la medicina. Al final, se mudó a Estados Unidos para continuar sus estudios.

Una vez ahí, se volvió un poco salvaje y loco, se convirtió en un fisicoculturista y anduvo por varias partes en una motocicleta. Un día, decidió dejarlo todo para concentrarse en la exploración del cerebro. Se convirtió en profesor de neurología en el Colegio de Medicina Albert Einstein. Entonces empezó a escribir los libros que harían su nombre conocido en todo el mundo.

Oliver reunió emocionantes relatos de cerebros anormales. Describió a un paciente que podía caminar, hablar y pensar de forma normal, pero confundía a su esposa con un sombrero. Escribió sobre una isla de Micronesia donde todos veían en blanco y negro. Hizo una crónica de un hombre que vivía en la década de 1980, cuya memoria se había congelado durante la Segunda Guerra Mundial, es decir, pensaba que estaba en 1945.

Para asegurarse de que su trabajo continuara después de su muerte, estableció la Fundación Oliver Sacks, dedicada a ayudar a la raza humana a aprender más sobre los misterios del cerebro.

A los 81 años, Oliver descubrió que tenía cáncer. En un ensayo donde decía adiós al mundo, escribió: “He sido un ser sensible, un animal pensante en este hermoso planeta... eso fue un enorme privilegio y una gran aventura”.

OSCAR EKPONIMO

(NACIÓ EN 1986)

Después de que su padre enfermó, Oscar y sus hermanos tuvieron que arreglárselas comiendo sólo una vez cada dos días. Vivían en Nigeria, un país donde, diario, 17 millones de personas padecen hambre.

Su madre trabajaba como enfermera, pero la paga era tan pequeña que no podía comprar mucho. La mayor parte del tiempo, Oscar miraba fijamente los gabinetes de su cocina vacíos, deseando que se llenaran de comida.

Por suerte, su padre mejoró, volvió a trabajar y ganó dinero para alimentar a la familia. Oscar nunca olvidaría la experiencia y prometió ayudar a las personas que se encontraran en una situación similar.

Con un grupo de amigos fundó Blue Valentine y repartían comidas gratis a los niños que vivían en la calle. Pero esto sólo fue una solución a pequeña escala. El problema del hambre afectaba a 223 millones de personas en el África subsahariana.

Oscar quería pensar en algo más grande.

Para ese entonces, era un experto en desarrollo de software y decidió usar su experiencia tecnológica en el problema. El resultado fue una aplicación llamada Chowberry.

Todos los días, los supermercados y tiendas tiran enormes cantidades de comida sólo porque ya pasaron las fechas de caducidad impresas en los paquetes. Chowberry vincula las tiendas que están a punto de tirar comida en buen estado con organizaciones benéficas que rápido distribuyen el producto a quienes más lo necesitan. Les da a las tiendas una solución al problema del exceso y mantiene a miles de personas alimentadas por mucho menos.

Casi un tercio de toda la comida fabricada para consumo humano se pierde o desperdicia. Esperemos que con la ayuda de Chowberry, parte de eso se pueda enviar a las familias que no saben de cuántos días esperarán hasta su próxima comida.

PETER OSTRUM

(NACIÓ EN 1957)

Mucha gente conoce la historia de *Charlie y la fábrica de chocolate*. Un niño encuentra un boleto de oro en su barra de chocolate y gana la oportunidad de visitar una fábrica de chocolate mágica, donde deambulan los Oompa Loompas y fluyen ríos de chocolate.

Para Peter, Charlie Bucket se convirtió en un papel de por vida. Un día, estaba actuando en una obra de teatro local en Cleveland, Ohio, cuando llegaron los agentes de talento y lo vieron.

Lo llevaron a Múnich en avión, donde se hizo el rodaje de la película. Peter tuvo el momento de su vida filmando con paletas gigantes, refrescos llamados *fizzy lifting drinks*, una sala de *fudge* (dulce) y el extravagante Willy Wonka. El elenco se convirtió en una familia para él.

Pero cuando salió la película, muy pocas personas fueron a verla. Prácticamente se esfumó sin dejar rastro.

Diez años después, todo cambió.

Charlie y la fábrica de chocolate reapareció y fue acogida por niños y adultos de todo el mundo, quienes amaron su magia, el humor y el triunfo de las personas buenas y reflexivas sobre las codiciosas y mezquinas. Peter no se convirtió en un actor famoso. De hecho, nunca volvió a actuar. Cuando regresó a casa después de grabar la película, sus padres le compraron un caballo y Peter quedó fascinado, no sólo por el animal en sí, sino por los veterinarios que vinieron a cuidarlo. Rechazó una oferta para hacer tres películas más y convertirse en un actor famoso. En cambio, trabajó en un establo por un tiempo y luego obtuvo un título en medicina veterinaria. Ahora trabaja en una clínica que atiende caballos y vacas.

Peter solía negar su participación en *Charlie y la fábrica de chocolate*. Sólo después de ver cuánto significó para tantos niños se sinceró. En la actualidad, cada año, regresa a su antigua escuela, Lowville Academy, para hablar con los niños sobre la experiencia de actuar el personaje de Charlie Bucket. También les explica su decisión de alejarse de Hollywood y elegir una vida dedicada a ayudar a los animales.

PRÍNCIPE CARLOS FELIPE

(NACIÓ EN 1979)

Cualquiera se pondría nervioso al hablar en la Gala de los Premios Deportivos Suecos (*Svenska idrottsgalan*). Todo el país observa la transmisión en vivo por televisión de este increíble espectáculo. Cuando el príncipe Carlos Felipe subió al escenario, estaba extremadamente nervioso. Su dislexia hacía que se equivocara al leer letras y números.

Durante su discurso, Carlos cometió algunos errores debido a su dislexia. Los medios se abalanzaron sobre él. Lo describieron como lento o estúpido sólo porque le costó trabajo decir algunas palabras de forma correcta.

Era algo que Carlos había enfrentado toda la vida.

A pesar de que casi 20% de la población mundial tiene dislexia o algo similar, a menudo no es diagnosticada. Lo anterior provoca que las personas que padecen este trastorno sean consideradas menos capaces que las demás. Un maestro especial tuvo que reconocer cuáles eran los problemas de Carlos para brindarle la atención necesaria y específica para superarlos.

En la actualidad, el príncipe trabaja con organizaciones benéficas de necesidades especiales para garantizar que los niños con dislexia accedan al apoyo que necesitan para prosperar.

En un discurso, explicó:
"Se trata de ayudar a todos los estudiantes que diario luchan con las letras y números de sus libros de texto. Los que sufren las risas y burlas porque cometen errores. Los que deben esforzarse más que sus compañeros de clase para alcanzar los mismos resultados."

Se necesitó coraje increíble para que Carlos hablara frente a miles de personas, en especial después de que hacerlo frente a su clase (cuando era niño) había sido tan complicado.

Se necesitó aún más coraje para levantarse y volver a hacerlo. Al año siguiente de que los medios de comunicación se burlaran de él, Carlos dio un discurso en el mismo evento. Quería dejar en claro que la ignorancia y la intimidación no ganan y demostrar a otras personas con dislexia que sus voces pueden escucharse.

PRÍNCIPE HARRY

(NACIÓ EN 1984)

El 31 de agosto de 1997, la princesa Diana de Gales murió en un accidente automovilístico. Sus dos hijos, William y Harry, estaban de luto por su madre. Mientras millones de personas en todo el mundo veían el funeral por televisión, los dos jóvenes príncipes debían caminar detrás de su ataúd. Fue una experiencia desgarradora que les dejaría una profunda marca.

Harry se esforzó mucho en la parte académica de la escuela, pero encontró su vocación en los deportes. Se inscribió en la academia militar de Sandhurst. Cuando se graduó, hubo un debate sobre si se le debería dar permiso de ir a pelear. Harry se puso firme: "No hay forma de que me quede a esperar sentado mientras mis chicos están luchando por su país", anunció.

Tras servir en Afganistán, Harry creó Invictus Games, un evento deportivo internacional para los soldados heridos o enfermos. También dirigió su energía para apoyar a organizaciones benéficas relacionadas con niños, educación, selvas tropicales, caza furtiva y derechos humanos, entre otros.

A la edad de 32 años, Harry se sintió lo suficientemente cómodo como para revelar lo difícil que fue la vida para él en los años posteriores a la muerte de su madre. Explicó que apagó todas sus emociones en vez de lidiar con el dolor y eso provocó que la ira y la ansiedad se acumularan en su interior.

"La gente teme hablar de eso", dijo. "Pero debería temer NO hablar de eso."

Esperaba que, al sincerarse sobre sus experiencias, les daría a otros el valor para hacer lo mismo.

En 2016, en una cita a ciegas, Harry conoció a una actriz estadounidense llamada Meghan Markle. Se enamoraron profundamente y, en 2018, más de mil millones de personas en todo el mundo se sintonizaron para ver su boda. En lugar de regalos, Harry y Meghan pidieron que donaran a las organizaciones benéficas más cercanas a sus corazones, incluida una para los niños de las Fuerzas Armadas que han perdido a sus padres en el cumplimiento del deber.

RAINER MARIA RILKE

(1875-1926)

La madre de Rainer había perdido a una niña llamada Sophie y, con frecuencia, trataba de convertirlo en una hija de reemplazo vistiéndolo con faldas. Lo llamaba Sophie y le insistía en que jugara con muñecas.

Como resultado, toda la vida Rainer sintió que su madre no lo quería. Encontró consuelo en la escritura, pero a los 10 años, sus padres lo enviaron a una escuela militar donde sufrió acoso escolar.

Cuando terminó la escuela, Rainer viajó por el mundo, sin quedarse en un lugar por mucho tiempo. Fue a Rusia, Alemania, España, Austria, Italia, Egipto y Túnez, sin encontrar un lugar al cual llamar hogar.

Mientras viajaba, Rainer conoció a la princesa María Teresa de Thurn y Taxis, quien le ofreció su castillo para trabajar. Para él fue un alivio tener un lugar seguro en una época en la que se sentía perdido y abatido.

En sus poemas, Rainer buscó un significado para la vida y forma de expresar la confusión que experimentaba dentro de sí. También escribió cartas sobre la vida y el amor a personas de todo el mundo. Mandó 10 cartas de este tipo a un joven cadete en una academia militar. En la actualidad, todavía se citan fragmentos de dichas cartas por su perspicacia y sabiduría.

En una, escribió lo que ayuda a una persona a convertirse en autor: "Lo que en verdad necesitas sólo es esto: soledad, gran soledad interior... Estar solo, como estábamos solos de niños cuando los adultos iban de un lado a otro en torno nuestro, enredados en cosas que parecían importantes y grandes, porque los mayores parecían tan ocupados y porque no entendíamos nada de lo que hacían... Ésa debe ser la meta".

Rainer vivió toda su vida al servicio de la poesía. Para él, el objetivo siempre fue expresarse de la manera más bella, honesta y con la mayor fuerza posible y, al hacerlo, formar vínculos y conexiones con las personas del presente y del futuro. En la actualidad, es uno de los poetas más vendidos del mundo y un escritor al que la gente recurre en momentos de necesidad.

Rene Silv
Search
Rene Silva
Rene Silva
News Live

RENE SILVA

(NACIÓ EN 1994)

Las favelas de Brasil son áreas pobres alrededor de grandes ciudades donde las personas construyen sus casas. La mayoría no tiene sistemas de alcantarillado ni agua potable, esto las convierte en lugares difíciles y peligrosos para vivir. El hogar de Rene Silva es la favela Alemão, en las afueras de Río de Janeiro.

Cuando Rene tenía sólo 11 años decidió hacer algo para ayudar a su comunidad. Usando las computadoras en la escuela, creó un periódico llamado *Voz da Comunidade*, que se traduce como *Voz de la comunidad* en español. El primer número consistió en cien copias.

Con el dinero de los anuncios, Rene aumentó el periódico hasta que cada edición vendió más de 3 mil copias. Luego fue más grande y recaudó dinero para computadoras y cámaras web. Usando esta nueva tecnología, Rene se propuso dar a las personas de su vecindario una voz que nunca habían tenido.

En 2011, el gobierno brasileño envió a su ejército a través de las favelas en busca de criminales. Rene informó a los habitantes lo que estaba pasando.

Años después, el gobierno volvió a entrar a varias favelas. Esta vez querían desalojar a las personas de sus hogares y demoler los edificios. Como no se permitía la presencia de periodistas extranjeros en las cercanías, fue Rene quien logró informar al mundo del trato que su gente estaba recibiendo a manos del gobierno.

Mientras tomaba fotos, la policía roció a Rene con gas pimienta, lo esposó y lo sacó por la fuerza. Intentó explicar que, como miembro de la prensa, tenía derecho a documentar lo que estaba sucediendo. Pero no lo escucharon.

Hasta el día de hoy, Rene trabaja para ayudar a las personas de su favela a través de apoyo psicológico, cursos de idiomas y programas de trabajo. En 2018, lo nombraron uno de los afrodescendientes más influyentes del mundo. En la actualidad, el periódico que empezó a los 11 años tiene casi medio millón de seguidores en las redes sociales.

REUBEN KOROMA Y GRACE AMPOMAH:

SIERRA LEONE'S REFUGEE ALL STARS

Reuben Koroma y Grace Ampomah nacieron en Sierra Leona, un país desgarrado por un conflicto brutal. Los ataques violentos obligan a las personas comunes y corrientes a abandonar sus hogares, cruzar las fronteras hacia los países vecinos y vivir en campos de refugiados.

En 1997, después de casarse, Reuben y Grace Koroma huyeron de Freetown, la capital de Sierra Leona. Fueron a Guinea y se establecieron en un campamento llamado Kalia. Tiempo después, se encontraron con algunas personas que conocieron en Freetown. Con dos viejas guitarras eléctricas donadas por una organización benéfica, Reuben y sus amigos formaron Refugee All Stars.

Su música era brillante, optimista y animaba a la gente a bailar, aunque las letras hablaban de las dificultades de ser un refugiado y dejar el hogar.

La banda llevó su música de un campamento a otro, propagando alegría. Conforme avanzaban, un equipo de filmación grabó un documental que los mostró al mundo.

"Un día estás sufriendo en este lugar", dijo Reuben. "Y al día siguiente estás curando el dolor de otras personas a través de la música".

Cuando la guerra terminó, regresaron a Freetown para seguir haciendo música. Lanzaron un álbum, *Living Like a Refugee*, grabado en vivo alrededor de las fogatas de los campamentos de refugiados en Guinea. El disco fue un éxito internacional.

La banda aún está de gira, grabando y difundiendo su mensaje en todo el mundo, utilizando su música para llamar la atención sobre la difícil situación de las personas desplazadas en todo el planeta. La mayor parte del dinero que ganan se envía a casa para ayudar a sus familias y pueblos.

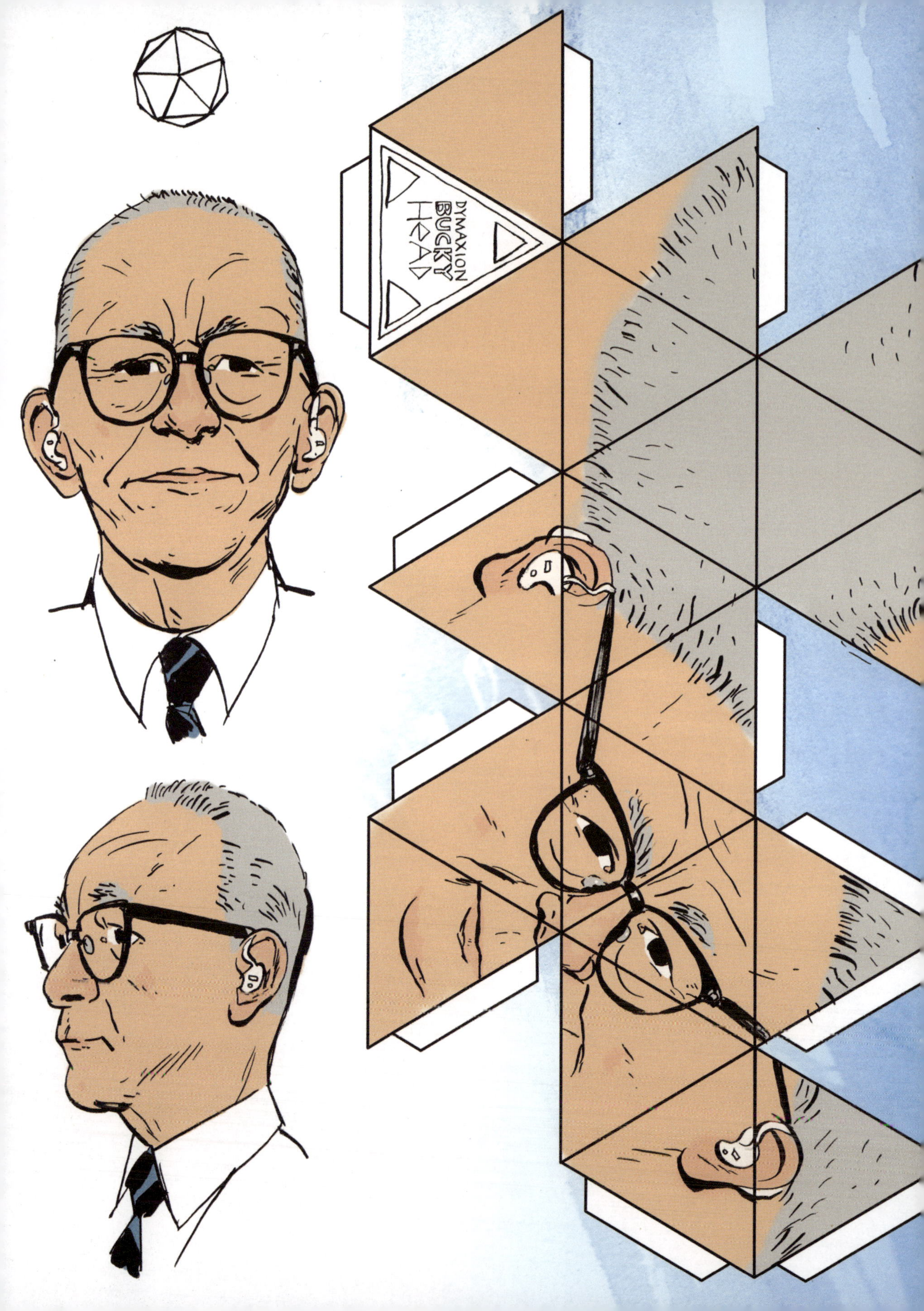
DYMAXION
BUCKY
HEAD

RICHARD BUCKMINSTER FULLER

(1895–1983)

A Richard le costó mucho trabajo la escuela, en especial las matemáticas. Para él, no tenía sentido que un punto en un pizarrón correspondiera a un punto matemático.

Prefería trabajar con sus manos. A menudo, Richard pasaba horas recorriendo el bosque buscando fragmentos de metal perdidos o desechados. Usó estos pedazos para construir su primer invento: una especie de sistema mecánico para remar un bote.

Lo expulsaron de la universidad dos veces. La vida después de eso no fue más fácil. Perdió un hijo y su trabajo, y se encontró viviendo en la pobreza.

Un día, angustiado y desesperanzado, Richard bajó a la orilla del lago Michigan para lanzarse. Entonces escuchó una voz diciéndole que era parte del universo y que tenía el deber de seguir vivo y hacer su mayor esfuerzo para ayudar en la vida de los demás.

Continuó creando numerosos inventos. El más conocido fue el domo geodésico, una estructura construida con pequeños triángulos muy fuerte y estable. También inventó un nuevo tipo de automóvil, llamado Dymaxion, que tenía tres ruedas y en el que cabían 11 personas. Ninguno de los inventos se puso de moda, aunque ambos parecían cosas que venían del futuro.

Al final, los domos se usaron para otros propósitos: los militares los adoptaron y emplearon en estaciones meteorológicas, hogares y depósitos de almacenamiento.

Cuando se descubrió una molécula que era casi idéntica al domo geodésico, los científicos la llamaron Buckminsterfullereno.

Richard cree que todo el mundo nace como un genio y el proceso de vivir es lo que los "desgenia". El truco es elegir un camino que te apasione y apegarte a él a cualquier costo.

* *Ve a la página 162 para hacer tu domo geodésico.*

RICHARD KEARTON
(1862-1928)
Y CHERRY KEARTON
(1871–1940)

Richard Kearton nació en 1862, nueve años antes que su hermano Cherry. A los dos les encantaba estar en la naturaleza.

Ya de adultos, los hermanos aceptaron un trabajo en una editorial que implicaba hacer libros de fotografías de la naturaleza. En aquella época, la mayoría de las fotografías de vida silvestre se hacían poniendo animales disecados en la naturaleza y luego les tomaban fotos. Las cámaras eran demasiado lentas para los seres vivos.

Pero los hermanos Kearton estaban decididos a cambiar las cosas. Querían mostrar a las personas la verdadera alegría y energía del reino animal.

En abril de 1892, tomaron la primera fotografía de un nido de pájaro lleno de huevos. Trabajaron desde una escalera atada de forma precaria a la parte alta del árbol. Para bajarse, usaban una cuerda y hacían una especie de rapel por la pared de rocas escarpadas.

Pero cuando se trataba de fotografiar aves de verdad, Richard y Cherry descubrieron que las criaturas se alejaban de las cámaras lentas y ruidosas. Para solucionar esto, construyeron guaridas o escondites de barro, piedra, pasto y demás. Los hermanos se disfrazaban como troncos de árboles, arbustos, pajares o montones de pasto, incluso se escondían dentro de los cuerpos de las vacas muertas. Durante horas y días vagaban por la oscuridad, se acostaban empapados en zanjas y dormían bajo las estrellas... sólo para obtener una foto.

También lucharon por la protección de los animales. En aquella época, un safari significaba hacer un largo viaje para disparar un arma contra la fauna. Los hermanos Kearton trataron de convencer a la gente para que sólo tomara fotos de las magníficas bestias.

RICKY MARTIN

(NACIÓ EN 1971)

Ricky empezó a actuar desde pequeño. Primero, protagonizó anuncios de comida, bebidas y pastas de dientes. Luego, a los 12 años, se unió a una banda de chicos llamada Menudo. Sus padres divorciados lucharon entre ellos por el control de Ricky.

La banda tuvo muchísimo éxito y la presión fue enorme. Los chicos hicieron giras alrededor del mundo; en cada lugar un grupo de fans enloquecidas los perseguía gritando. En toda Sudamérica, sus fotos estaban pegadas en las paredes de las habitaciones de las jóvenes.

Además de cantar de manera constante y lidiar con sus padres, Ricky luchó con darse cuenta de que era gay. Sabía que se sentía atraído por los niños, pero también sabía que la religión católica en la que lo educaron lo veía como un pecado. Sólo para ser aceptado, hizo todo lo posible por enterrar sus sentimientos.

Ricky dejó la banda después de cinco años. Agotado, se tomó un tiempo para recuperarse antes de empezar una carrera como solista.

En 1999, lanzó "Livin' la vida loca", una canción que cada verano se escuchó a todo volumen en los estéreos.

Diez años después, Ricky se convirtió en el padre de dos hijos. También se declaró gay.

En un libro titulado *Yo*, contó lo feliz y aliviado que se sentía por salir del clóset. Durante años, la gente lo acosó con preguntas sobre su homosexualidad, pero no estaba listo para hablar del tema. Esto lo hizo sentir solo. Ahora que, por fin, se había sincerado al respecto, estaba agradecido por todo el amor y apoyo de la comunidad de lesbianas, gays, bisexuales y transexuales (LGBT).

"Deseo que todos los que en la actualidad están luchando puedan sentir lo que yo siento. ¡Es amor llegando de todas direcciones!".

Ricky ya no es católico, pero no abandonó la espiritualidad por completo. A veces usa una playera que dice: "Dios es demasiado grande para encajar en una religión".

ROBERT CHAN

Con aguas turquesas, profundas lagunas, frondosos bosques y playas vírgenes, las islas que forman Palawan son algunas de las más hermosas del mundo. Pero cada día se enfrentan a todo tipo de amenazas contra las que Robert Chan pasa su vida luchando.

Los leñadores ilegales talan árboles, los mineros ilegales buscan oro y los cazadores ilegales arrebatan pangolines y pájaros minás de sus guaridas. Robert Chan encabeza la resistencia contra estas actividades con un grupo llamado Palawan NGO Network Incorporated (PNNI). Son un equipo de dieciséis civiles que hacen todo lo posible por preservar su hogar.

Los miembros de PNNI pasan días en misiones largas y peligrosas a través de selvas y montañas en busca de actividades ilegales. Si se encuentran con una, hacen que los responsables se tiren al suelo y les quitan sus herramientas. Ninguno de los PNNI lleva armas. Sólo utilizan su conocimiento del área, órdenes firmes y la capacidad de hacer arrestos ciudadanos.

Es una tarea peligrosa. Desde 2001, los que buscan convertir la belleza de Palawan en dinero han asesinado a 12 miembros del PNNI.

"Tuvimos que trabajar para que se cumpliera la ley porque el gobierno no estaba haciendo nada. No soportamos ver cómo destruyen nuestros recursos frente a nuestras caras".

Cuando Robert se opuso a la expansión de las minas en Palawan, el gobernador de las islas amenazó con atacarlo de manera personal. Todo es tan grave y estresante que, a veces, le gusta relajarse cantando karaoke.

La oficina de Robert está decorada con motosierras, dinamita, hachas y armas confiscadas. Sirven para advertir del tipo de daño que las personas pueden infligir al medio ambiente y un recordatorio de todo lo que el PNNI enfrenta. De hecho, se han recolectado tantas motosierras que construyeron un árbol de Navidad permanente con ellas. El árbol se encuentra afuera del Museo Palawan Environmental Enforcement.

PNNI

ROBERT MONTGOMERY

(NACIÓ EN 1972)

Caminas por la playa en Bexhill-on-Sea. El cielo es de ese azul claro que se percibe al inicio del atardecer y las olas envuelven la orilla con suavidad. De repente, en un neón inmenso y brillante, hay un mensaje esperándote: *Las personas que amas / se vuelven fantasmas / dentro de ti y así / los mantienes vivos aquí.*

Es una obra de arte de Robert Montgomery. Su inspiración surgió tras perder a un amigo en un accidente automovilístico y, luego, reunirse con él en un sueño.

Desde joven, Robert disfrutaba el arte que aparecía en lugares inesperados. Grafitis, vallas publicitarias, esculturas: le gustaba el arte que estaba en el exterior, con el público, no en galerías y museos. Después de que un inspirador profesor de inglés le mostró poetas como Sylvia Plath y Ted Hughes, decidió que quería combinar estas dos pasiones, por muy poco convencionales que fueran.

Una de sus piezas era un autobús con las palabras EN SUEÑOS VEMOS PARA SIEMPRE brillando en el techo. Adentro, pantallas mostraban entrevistas en video con niños ciegos que hablaban de los lugares fantásticos a los que su imaginación los llevaba mientras dormían.

Tres de sus obras tienen palabras que brillan intensamente y dicen: *todos los palacios son temporales*. Se encuentran en una alberca abandonada en Alemania, un estacionamiento en Gales y un muelle en Francia.

También trabajó en una campaña en la que, por un solo día, la gente podía pagar tazas de café con poesía en cafeterías de todo el mundo. En la actualidad, usa sus piezas para llamar la atención sobre el cambio climático.

Robert quiere que su arte tenga conversaciones sinceras con los individuos. Desea llenarlos de emoción en momentos inesperados. Y quiere hacer del mundo un lugar más esperanzador.

ROBERTO BURLE MARX

(1909–1994)

Cuando era joven, Roberto se mudó de Brasil a Alemania para estudiar pintura en la universidad. De repente, se dio cuenta de que pasaba cada vez más tiempo vagando en el gran Jardín Botánico de Berlín.

Es curioso, pero en estos jardines alemanes, Roberto apreciaba de verdad la belleza de las orquídeas, palmas y nenúfares brasileños, plantas que en casa rara vez notaba.

Cuando regresó a Río de Janeiro en 1930, Roberto convirtió su hogar en un centro de plantas tropicales. Realizó largas expediciones a través de la selva en busca de ejemplares raros y en el proceso, descubrió variedades desconocidas.

Con estas plantas nuevas, hizo jardines preciosos en toda la ciudad. Se inspiró en el arte moderno, el arte popular brasileño y la naturaleza. Usando singulares características de agua, franjas de vegetación tropical y mosaicos giratorios, Roberto creó algunos de los jardines más emocionantes y únicos que se hayan visto. Los más conocidos incluyen el paseo marítimo de Copacabana, los jardines de la Unesco en París y el exuberante Parque do Flamengo, construido en un antiguo basurero en Brasil.

Roberto dice: "A diferencia de cualquier otra forma de arte, el jardín se diseña para el futuro, para las generaciones venideras".

Pensó lo mismo de la selva tropical y fue uno de los primeros brasileños destacados en levantar la voz contra la destrucción de la selva amazónica. Fue una postura valiente y atrevida en una época en la que mucho dinero fluía hacia el país a través de la tala y otras actividades dañinas para el medio ambiente. Las empresas responsables de la deforestación eran poderosas y despiadadas.

Roberto murió en 1994. Dejó más de dos mil jardines hermosos y descubrió casi 50 especies nuevas de plantas exóticas.

RUBÉN FIGUEROA

Cada año, miles de centroamericanos desaparecen en México mientras hacen el difícil y peligroso viaje a Estados Unidos. Un hombre llamado Rubén se puso la misión de rastrear a los desaparecidos.

Muchas veces, los que intentan el viaje se convierten en víctimas de bandas criminales; son maltratados de forma brutal por las autoridades; incluso se encuentran abandonados en el desierto por los coyotes o polleros (las personas que cobran por "ayudar" a cruzar la frontera). Rubén estima que más de 70 mil personas centroamericanas han desaparecido de esa manera.

Él mismo fue migrante. Tres veces intentó pasar a Estados Unidos hasta que, por fin, lo logró y se estableció en Carolina del Norte. Trabajó como constructor durante años. Un viaje de regreso a México lo hizo darse cuenta del dolor y el peligro que soportaban las personas al tratar de llegar a un lugar donde esperaban que la vida fuera mejor.

Y cada vez, las cosas son más difíciles para los migrantes.

Tras la puesta en marcha de los planes para reducir la migración de América Central a Estados Unidos, muchos indocumentados optaron por tomar rutas menos obvias. En lugar de formas tradicionales a través de casas de huéspedes en pueblos y ciudades, viajan en el techo de un tren extremadamente peligroso conocido como "La Bestia" o caminan a través de bosques densos y llenos de violentos traficantes.

La organización de Rubén se llama Movimiento Migrante Mesoamericano. Usan computadoras, documentos y la presión pública para luchar por los derechos de los migrantes y rastrear a los desaparecidos. También establecen grupos de madres y padres de El Salvador, Honduras, Guatemala y Nicaragua que viajan juntos a lo largo de las rutas migratorias de México, en un intento desesperado por encontrar información sobre sus seres queridos.

En 2013, Rubén recibió amenazas de muerte de las bandas a las que estaba señalando. El gobierno no le ofreció ninguna protección. No importó. No permitiría que la intimidación se interpusiera entre él y su objetivo de reunir familias.

Desde que se fundó, Movimiento Migrante Mesoamericano ha reunido a 269 personas desaparecidas con sus familias.

SAN NICOLÁS

(270-343 D. C.)

En Hawai se llama Kanakaloka. En Italia, Babbo Natale. En China, Dun Che Lao Ren reparte regalos, mientras que en Islandia, esa responsabilidad recae en los Yule Lads. En Suecia, el *tomte* va acompañado por una cabra especial de Navidad. En Louisiana, Papa Noël llega en un bote que jalan ocho caimanes. En Inglaterra, su transporte favorito es un trineo tirado por renos voladores.

Pero el primer Santa Claus fue un hombre llamado San Nicolás. Nació en lo que hoy es Turquía, de padres ricos que murieron cuando era joven. Lo dejaron con una gran herencia y Nicolás lo gastó todo ayudando a los menos afortunados.

Hay muchas historias sobre la generosidad de Nicolás. Una de las más famosas involucra a un viudo y sus tres hijas. En ese momento las mujeres sólo podían casarse si tenían una dote (una cantidad de dinero o bienes que se entregaba a su futuro esposo). Como el viudo no tenía dinero y no podía mantener a sus hijas, estaba a punto de venderlas como esclavas. Entonces, una noche, Nicolás se escabulló hasta el techo de la casa y dejó caer tres sacos de oro por la chimenea. Fue suficiente para salvar a las hijas y permitirles casarse.

En otras historias, Nicolás calmó el mar, dio comida a los hambrientos, liberó a un niño de la esclavitud, incluso resucitó a los muertos. Por sus obras, lo nombraron obispo de Myra.

Durante cientos de años desde su muerte, San Nicolás se ha recordado y celebrado por hacer el bien y no esperar nada a cambio.

Se piensa que, en la época medieval, las monjas francesas empezaron la tradición de regalar cosas en Navidad. Por la noche, dejaban en secreto regalos de comida, juguetes y lujos de aquella época para los pobres y enfermos. En la mañana, cuando despertaban y los encontraban, preguntaban de dónde venían o quién los había traído. Las monjas respondían que, seguro, San Nicolás.

SAMAN KUNAN

(1980–2018)

En julio de 2018, un equipo de futbol y su entrenador se aventuraron en la vasta y antigua cueva Tham Luang. Planeaban encontrar un lugar cómodo, para sentarse y celebrar una fiesta de cumpleaños.

Pero era temporada de monzones y, a medida que los niños se adentraban en la cueva, empezó un aguacero implacable. La cueva se inundó y tuvieron que buscar una superficie más alta donde pudieran mantenerse fuera del agua. Entonces, el entrenador se dio cuenta de que ninguno de los niños sabía nadar.

Estaban atrapados.

Conforme subía el nivel del agua y las fuertes corrientes se arremolinaban, el mundo estaba a la espera, preguntándose cómo, cuándo y si los niños podrían ser rescatados. El tiempo era crucial. En cualquier momento, los niveles de agua aumentarían hasta el escondite de los niños y el oxígeno disponible se agotaría.

Se lanzó una misión de rescate que involucraba a más de 10 mil personas. Saman fue uno de los que se apresuraron a ir al sitio para ayudar. Como miembro retirado de las fuerzas de élite de la marina de Tailandia, tenía la experiencia. Y la iba a necesitar. La naturaleza complicada de la estructura de la cueva significaba que el trayecto de buceo, hasta los niños y de regreso, duraría 11 horas.

Al final, todos los muchachos fueron rescatados, 18 días después de quedar atrapados en la cueva. Pero Saman no tuvo tanta suerte. Mientras buceaba por los pasajes para entregar tanques de aire a los niños, se quedó sin aire, cayó inconsciente y no pudo ser resucitado.

Un amigo de Saman recordó que una vez dijo: “Nunca sabemos cuándo moriremos. No podemos controlarlo, así que debemos valorar cada día”.

El rey de Tailandia mandó hacer su funeral. Pronto pondrán su estatua en la entrada de la cueva Tham Luang para recordar la valentía y abnegación que Saman Kunan mostró al asegurarse de que los niños salieran vivos.

SATOSHI TAJIRI

(NACIÓ EN 1965)

Satoshi padece síndrome de Asperger, es decir, está en el espectro autista. Todo el mundo lo conoce, pero no le gusta hablar de eso en público. En realidad, su Asperger significa que prefiere no hablar en público.

Debido a su trastorno, Satoshi creció obsesionado con ciertas cosas. Una de ellas fue coleccionar insectos. Vagaba por el campo alrededor de su casa y juntaba todos los bichos que encontraba; luego los estudiaba de cerca para aprender más. Sus compañeros de clase lo llamaban "Señor Bicho".

Conforme creció, sus obsesiones cambiaron. Satoshi se enamoró de las maquinitas y pasaba horas jugando *Space Invaders*. Jugaba tanto que por poco no se gradúa de la secundaria. Asustó tanto a sus padres que le buscaron trabajo en una central eléctrica, pero Satoshi lo rechazó.

En lugar de eso fue a una universidad de tecnología para aprender sobre electrónica. Ahí conoció a Ken Sugimori y juntos crearon una revista de juegos llamada *Game Freak*. Satoshi escribía y Ken ilustraba.

Un día, Satoshi tuvo una idea para un juego. Quería captar la emoción que sentía de pequeño cuando coleccionaba insectos y ofrecerla a los niños de todas partes. Deseaba darles un mundo abierto para explorar y vivir aventuras. Quería ofrecer el juego que siempre anheló para sí.

Durante seis años, Satoshi y Ken trabajaron de manera incansable. La mayoría de su personal renunció y Satoshi gastó todos sus ahorros. Tuvo que mudarse de nuevo a casa de su padre.

Por fin, estuvo listo.

Pokémon se convirtió en uno de los juegos más grandes, famosos e importantes de la historia. Durante años, los niños de todo el mundo estuvieron encantados. En la actualidad, *Pokémon Go* hizo que chicos y grandes se aventuraran en el mundo real en busca de criaturas extrañas y mágicas.

Happy workers = Happ
swee

SEEBOHM ROWNTREE

(1871-1954)

Seebohm nació en la famosa familia Rowntree, propietaria de una gran compañía de chocolate que aún existe. Su padre fue un gran defensor de los pobres y Seebohm siguió sus pasos.

Durante la época victoriana, había la creencia general de que si alguien era pobre, era su culpa. Seebohm quería cambiar esta opinión. Su equipo visitó cada hogar de clase trabajadora en York. En lugar de *decirles* lo que estaba mal, les *preguntó*.

La encuesta realizada por Seebohm descubrió que la pobreza era un problema mucho mayor de lo que el gobierno admitía. También demostró que las razones para ser pobre estaban fuera del control de las personas. Los salarios eran muy bajos y, con frecuencia, se estiraban para sostener a familias grandes que incluían miembros ancianos, enfermos y desempleados.

Los descubrimientos conmocionaron al pueblo y al gobierno de Gran Bretaña.

Además, jugaron un papel fundamental para la promulgación de leyes que ayudarían a los pobres, por ejemplo: pensiones estatales y seguros obligatorios para los trabajadores, comidas escolares gratuitas y sacar a los niños de las cárceles para adultos, entre otras.

Seebohm también pensaba que era su deber ayudar a sus empleados. No se aferró a las viejas ideas de presionar a los trabajadores hasta un punto de quiebre, es decir, obligarlos a laborar hasta que se sientan mal e infelices. Sabía que los trabajadores saludables, dispuestos y bien alimentados beneficiaban a la empresa y viceversa.

Seebohm trabajó con su padre para introducir una serie de ideas sobre condiciones laborales que aún utilizamos: jornada laboral de ocho horas, plan de pensiones de la empresa y atención médica gratuita para los empleados. Ayudaron a más de 4 mil trabajadores de Rowntree (y a personas en todo el Reino Unido) al iniciar la lucha contra un prejuicio al que mucha gente pobre todavía sigue sometida.

SERGEI DIAGHILEV

(1872–1929)

La madre de Sergei murió cuando él era joven. Así que su madrastra, Elena, y su padre, Pavel, lo criaron. Cuando cumplió 18 años, la familia se declaró en bancarrota. Sergei usó la pequeña herencia que le dio su madre para mantenerlos a flote.

Al principio fue a la escuela de leyes, pero se retiró para centrarse en su pasión: la música. Este camino también terminó rápido: uno de los compositores más famosos del mundo le dijo a Sergei que no tenía ningún talento.

En París, Sergei reunió a los coreógrafos, escritores, artistas y diseñadores más apasionantes para crear una compañía de ballet como nadie había visto. La llamó los Ballets Rusos.

Tenían coreografías nuevas, desenfrenadas y salvajes. Sus vestuarios eran extravagantes y fabulosos. Y los escenarios fueron diseñados por los principales artistas modernos de la época. Se deshicieron de esas viejas ideas en las que las mujeres bailan de forma delicada y los hombres se mantienen en el fondo.

Los Ballets Rusos arrasaron, y eso que nunca tuvieron fondos regulares y su director estuvo al borde de la bancarrota varias veces.

A pesar de todo esto, los Ballets Rusos tuvieron mucha demanda en toda Europa. Gran parte de la música que Sergei encargó para sus producciones se convirtió en un ícono. Por ejemplo, *La consagración de la primavera*, de Stravinsky, se ha grabado al menos una vez cada año desde que la compuso en 1913 y se ha usado en películas como *Fantasía* de Disney y *Z, la ciudad perdida*.

Durante una visita al rey de España, Sergei le dijo al monarca: "Su Majestad, yo soy como usted. No trabajo, no hago nada, pero soy indispensable".

Sergei descubrió que tenía talento para reunir y combinar cosas. Lo usó para cambiar el mundo del arte y el espectáculo para siempre.

SHERIF Y TAREK HOSNY

Los científicos han demostrado que el simple hecho de ver plantas, flores o árboles nos relaja, nos hace sentir felices y nos ayuda a estar más sanos. Para dos hermanos, Sherif y Tarek, crecer en El Cairo, caliente y seco, significaba que rara vez veían alguna vegetación.

Durante un viaje a Luisiana, Estados Unidos, observaron cultivos hidropónicos por primera vez. En la hidroponía, las plantas no dependen del suelo; crecen usando sólo una pequeña cantidad de agua con nutrientes disueltos en ella. Esta técnica facilita la agricultura en climas secos.

De regreso a El Cairo, los hermanos crearon una organización llamada Schaduf para aprovechar lo aprendido y usarlo para ayudar a su comunidad. Querían construir pequeñas granjas hidropónicas en los techos a fin de que las familias más pobres pudieran usarlas como fuente de alimentos o ingresos adicionales. Primero trabajaron mucho para crear el modelo perfecto. Después empezaron a difundirlo.

Schaduf otorgó préstamos a las familias para establecer las granjas. Si vendían sus productos, los préstamos se podían pagar en un plazo de seis meses, es decir, serían dueños de su propia granja en la azotea, totalmente funcional.

La organización también creó grandes muros de vegetación viva dentro de edificios de oficinas y departamentos. Las "paredes verdes" levantan el ánimo de quienes pasan mucho tiempo adentro.

Los jardines ayudan al medio ambiente y a las personas que viven entre ellos. Las temperaturas adentro de las ciudades son hasta tres grados más calientes que afuera, lo cual contribuye al calentamiento global. Al llenar los tejados con vegetación, el aire a su alrededor se enfría, hay más sombra y se necesita menos energía para regular la temperatura del interior de los edificios. Las plantas también crean oxígeno, esto genera aire más limpio en el entorno contaminado del centro de la ciudad.

"No hemos cubierto todo El Cairo de verde. Pero creo que puede suceder."

No han dejado de innovar. Los hermanos trabajan constantemente en nuevas ideas y proyectos, siempre buscando formas de traer más luz, vida y naturaleza al centro de El Cairo.

SIMON FITZMAURICE

(1973–2017)

Simon era un director joven con una brillante carrera por delante. Hizo dos cortometrajes y recibió grandes reconocimientos. Pero poco después del estreno de su segunda película, le diagnosticaron enfermedad de la neurona motora, un padecimiento que empeoraría con el tiempo y debilitaría su cuerpo cada vez más. Tenía 34 años. Los médicos dijeron que sólo le quedaban cuatro años de vida.

Las noticias no frenaron a Simon. Estaba determinado a que, mientras estuviera vivo, seguiría dando vida a las historias que se formaban en su cabeza.

A medida que su enfermedad avanzaba, Simon no podía tragar, hablar ni respirar sin ayuda de las máquinas. Pero podía usar la tecnología de seguimiento ocular para escribir sus memorias y dirigir una película.

El libro se llamó *It's Not Yet Dark* y la película *My Name is Emily*.

El primero habló de la lucha de Simon con su enfermedad y su deseo de aprovechar al máximo el tiempo que le quedaba en este planeta, sin importar lo que dijeran los médicos o cuánto se negaba su cuerpo a cooperar. La segunda fue la historia de una niña expulsada de hogares temporales y sometida a un trato cruel, que al final se enamora y se reconcilia con su padre. Ambos fueron relatos poderosos de vidas vividas al máximo contra todas las expectativas.

Simon escribió: "Para mí no se trata de cuánto tiempo vives, sino de cómo vives".

Después de sufrir durante casi una década, falleció a los 43 años. Siempre estará en la mente y corazón de su esposa, tres hijos amorosos y miles de admiradores.

Al recordarlo, su hermana, Kate, dijo: "Siempre encontró la belleza... la belleza vulnerable en una persona".

DIRECTOR

SÓCRATES

(MURIÓ EN 399 A. C.)

Hay muchas cosas que ignoramos sobre Sócrates. Sabemos que quizá nació entre el 468 y el 471 a. C. Sabemos que vagaba descalzo por las calles de la antigua Atenas, debatiendo con cualquiera que le hablara. Y sabemos que es el padre de la filosofía occidental, a pesar de que lo condenaron a muerte.

En lugar de recurrir a los dioses, Sócrates recurría al hombre. Pensaba que la felicidad no era algo dado por los cielos (eso creía la gente en aquella época), sino algo que podía lograrse a través del esfuerzo humano. El camino a la felicidad, según Sócrates, era buscar el amor, la amistad y la comunidad, en vez del dinero y las posesiones.

Para lidiar con los grandes problemas del bien y el mal, la felicidad, la verdad y el valor, Sócrates propuso el método socrático: el filósofo hace una serie de preguntas que lo acercan cada vez a la verdad. Desde entonces, es un método que se usa ampliamente.

Sócrates estaba seguro de que no sabía nada. Dijo que entender lo poco que sabía lo hacía mucho más sabio que las otras personas.

Con el tiempo, fue juzgado por corromper a la juventud de Atenas y condenado a muerte. Para su ejecución, bebió un veneno llamado cicuta.

Sócrates tenía muchos amigos y admiradores que se ofrecieron a ayudarlo para salir de la cárcel. Los rechazó a todos, afirmando que no podía ir en contra de los deseos de la comunidad, ya que al hacerlo iría en contra de sus enseñanzas.

En los años posteriores a su muerte, sus doctrinas fueron escritas por Platón, enseñadas por Platón a Aristóteles y comunicadas por Aristóteles a Alejandro Magno, quien las extendió por todo un imperio que abarcó tres continentes.

Así empezó la filosofía occidental. Planteó preguntas que, en la actualidad, todavía se comentan y debaten en las escuelas y universidades.

TIM BERNERS-LEE

(NACIÓ EN 1955)

Los padres de Tim trabajaron en la primera computadora disponible para comprar en las tiendas: una máquina de cinco toneladas que llenaba toda una habitación. Creció fascinado con las matemáticas y el código complejo. El amor por los trenes de juguete también le dio su primer vistazo al mundo de la electrónica y pronto construyó sus propios aparatos.

Durante la universidad, siguió trabajando en sus creaciones. Usando una calculadora vieja, televisiones rotas y una batería de automóvil, Tim construyó su propia terminal de computadora. Tras usarla para infiltrarse al servidor de física, la universidad le prohibió acceder al sistema.

Tim viajó a Suiza para trabajar como programador de computadoras. Lo que más le frustraba era la gran cantidad de datos y lo difícil que era compartirlos. Se le ocurrió una manera para que las computadoras interactuaran entre sí y facilitaran el proceso. Tim lanzó el código fuente de forma gratuita... y muy rápido su creación tuvo vida propia.

Había nacido el internet.

Y desde entonces ha dado forma a las sociedades, empresas y gobiernos, infiltrándose en todos los aspectos de nuestras vidas y poniendo a todos en la tierra a sólo un clic de distancia.

En la actualidad, Tim se preocupa por el estado del internet. Se suponía que era una red que uniría a todos, daría acceso equitativo a oportunidades, educación y permitiría a las personas trabajar juntas para construir un futuro mejor. En vez de eso, quedó en manos de grandes corporaciones que utilizan los datos de sus usuarios con fines de lucro y poder.

Tim está animando a la gente a defenderse y reclamar el internet como suyo. Creó una serie de organizaciones en línea para que las personas conozcan y entiendan los problemas.

Tim jamás ganó dinero con internet ni intentó hacerse rico porque no se trataba de eso. Le importa más ayudar a la gente.

TOBIAS

BAMBERG

EUROPE'S GREATEST 'SHADOWIST'

TOBIAS BAMBERG

(1875–1963)

Una moneda se esfuma de una caja negra. Una varita desaparece de la mano de un mago. Una vela pasa inalterada a través de un vaso de leche... Tobias Bamberg fue el mago que ideó estos trucos.

Cuando era joven, se cayó mientras patinaba sobre hielo y por poco se ahoga. El golpe lo dejó casi sordo e incapaz de hablar de forma adecuada.

Fue terrible. Tobias provenía de una famosa dinastía de magos y esperaba seguir sus pasos. Su padre a menudo actuaba para el rey Guillermo III de los Países Bajos, incluso una vez llevó a Tobias y lo presentó como el hechicero más pequeño del mundo. ¿Cómo daría presentaciones si no podía hablar?

La respuesta llegó la noche en que vio actuar a un mago itinerante llamado Félicien Trewey. El francés contó historias fabulosas haciendo sombras en movimiento sólo con las manos. Formó mansos conejos, perros aullando y elefantes asustados. Tobias encontró algo que podía hacer. Poco tiempo después, creó su rutina de figuras de sombras.

Se mudó a Berlín y actuó de manera constante en un teatro con el nombre de Okito. Ahí se enamoró de la hija del dueño y escaparon juntos. Al final, la pareja se estableció en Estados Unidos, donde fue conocido como el "Gran Creador de Sombras de Europa".

Tobias tuvo un hijo llamado David, quien hizo su primera aparición en un acto después de que su padre lo hizo emerger de una tela. David continuaría recorriendo el mundo como un mago. Sería el último de la gran dinastía de magos Bamberg.

Con el tiempo, Tobias se estableció en la ciudad de Nueva York y abrió una tienda de magia, donde dedicó su tiempo a crear y vender numerosos accesorios, trucos e ilusiones.

Los trucos ideados por Tobias todavía se realizan hasta el día de hoy, siguen inspirando asombro, admiración y hacen que las personas cuestionen la naturaleza de la realidad.

TOM DALEY

(NACIÓ EN 1994)

Cuando Tom vio por primera vez a los clavadistas saltar con elegancia desde el trampolín y caer en la alberca local trazando un arco, supo que quería hacer eso. Dejó las clases de natación, abandonó el judo y se concentró por completo en los clavados.

Su primer entrenador vio que tenía talento, pero pensó que Tom nunca lograría llegar muy lejos como clavadista porque luchaba por controlar sus emociones. A veces, si Tom se enojaba, usaban una táctica que llamó "Peter Pan": lo mandaba a pensar en algo feliz hasta que pudiera volar de nuevo. Funcionó. Pronto se zambullía en el agua a 56 kilómetros por hora, haciendo giros atrevidos, mortales y carpados.

En 2008, con sólo 14 años, Tom se convirtió en el segundo atleta olímpico más joven de Gran Bretaña. Pero por desgracia, él y su compañero de clavados, Blake Aldridge, terminaron en último lugar en la prueba de clavados sincronizados. Después de eso, Tom fue tan atacado que su padre lo sacó de la escuela. A pesar de la agitación emocional que había atravesado y de sus compromisos como clavadista, Tom sacó excelentes calificaciones en su certificado de estudios. En su tiempo libre trabajó con la Sociedad Nacional para la Prevención de la Crueldad a los Niños (NSPCC por sus siglas en inglés), apoyando a ChildLine, un número telefónico al que cualquier niño puede llamar cuando quiera ayuda o apoyo para cualquier cosa.

El régimen de entrenamiento de Tom era agotador y difícil de encajar en sus estudios. Once veces a la semana, entrenaba durante tres horas seguidas más una clase de ballet. Su dieta consistía principalmente de claras de huevo, papilla, pollo y verduras.

Pero el esfuerzo rindió frutos. Tom ganó dos medallas de oro en los Juegos de la Mancomunidad 2010 y un bronce en los Juegos Olímpicos 2012, aunque sólo tenía 18 años. Tom ya está entrenando para los juegos de Tokio 2020, donde espera ganar su primer oro olímpico.

WITI IHIMAERA

(NACIÓ EN 1944)

Witi pasó los primeros años de su vida viajando de granja en granja por el norte de Nueva Zelanda porque sus padres trasquilaban ovejas para ganar dinero. Cuando creció, se establecieron y lo mandaron a la escuela.

Entonces conoció la literatura por primera vez. Le sorprendió la posibilidad de sentarse con páginas de palabras y transportarse a otro tiempo y lugar. Uno de sus libros favoritos, *The Good Master*, le contó la historia de una niña que vivía en una zona rural de Hungría, en la década de 1930.

Cuando creció, como era tradición en esa época y lugar, sus padres hablaron con el director para decidir si seguía en la escuela o lo sacaban.

"¿Cree usted que se convertirá en alguien?", preguntaron los padres.

El director les dijo que no. Que sería mejor si lo llevaban a casa y lo ponían a trabajar en la tierra. El papá decidió darle una última oportunidad. En ese periodo, Witi escribió su primera historia. Fue suficiente para convencerlos de que merecía quedarse.

Pero siguió teniendo problemas en la universidad y lo expulsaron. Así que regresó a su ciudad natal y trabajó en el periódico local. Su tarea principal era llamar a la estación de policía, hospital y aeropuerto para pedir historias. También comenzó a escribir en serio, sobre los nativos de Nueva Zelanda que encuentran su huella en el mundo.

Su novela se llamó *La leyenda de las ballenas*. Hablaba de una joven maorí, Kahu, que al final se convierte en jefa de su tribu, a pesar de que toda la vida le dijeron que era un trabajo de hombres. El libro se convirtió en una película y tuvo un éxito mundial.

Witi quiere transportar a los lectores al mundo de Nueva Zelanda y sus habitantes nativos, así como aquellas veces en que viajaba a Hungría a la década de 1930. Sigue luchando por los derechos de los maorís y registra sus triunfos y tribulaciones en las novelas.

Muchas personas consideran a Witi el primer maorí en haber publicado un libro. Como dice Kahu en *La leyenda de las ballenas*: "Sé que nuestra gente seguirá avanzando, juntos, con todas nuestras fuerzas".

XIUHTEZCATL MARTÍNEZ

(NACIÓ EN EL AÑO 2000)

Desde que tenía seis años, Xiuhtezcatl Martínez se ha manifestado para defender sus creencias. Al vivir rodeado de la vida silvestre y las tradiciones culturales de sus ancestros aztecas, siempre se sintió muy conectado con el medio ambiente.

Xiuhtezcatl pasaba horas en el bosque con su padre, buscando animales y aprendiendo cómo las empresas colosales destruían partes de la tierra para obtener ganancias.

En julio de 2015, las Naciones Unidas celebraron un congreso sobre el cambio climático y cómo revertir el daño que los humanos han infligido a su entorno natural. En Manhattan, Nueva York, la sala estaba llena de burócratas de mediana edad pegados a sus teléfonos. Entonces Xiuhtezcatl, que tenía 15 años, se puso de pie para hablar, su largo cabello ondulaba y sus ojos brillaban con determinación.

"Estoy ante ustedes representando a toda mi generación. Los jóvenes están de pie en todo el mundo para encontrar soluciones".

Después, en ese año, Xiuhtezcatl formó un grupo con otros 20 niños y demandó al gobierno de Estados Unidos ante los tribunales. Declaraban que, al ignorar el cambio climático, los políticos estaban privando a los jóvenes del derecho a la vida en un planeta sano.

Xiuhtezcatl también lucha por el cambio como parte de Guardianes de la Tierra, un grupo liderado por jóvenes que se dedican a crear un futuro en el que todos podamos prosperar.

También rapea sus puntos de vista. En 2015, la canción "Speak for the Trees" de Guardianes de la Tierra fue elegida como la canción oficial de la Conferencia de París sobre el Cambio Climático. Dice así:

> *Algunas personas se dan la vuelta,*
> *pero levanto la voz y digo*
>
> *¿Qué quedará para mi generación*
> *al final del día?*

En 2017, Xiuhtezcatl publicó un libro llamado *We Rise*, cuyo objetivo es mostrar a todos cómo hacer una diferencia. Quiere que los jóvenes se pongan de pie junto a él y luchen por el futuro de su hogar.

YANG HAK-SEON

(NACIÓ EN 1992)

Cuando el padre de Yang sufrió una lesión grave y ya no podía trabajar como constructor, su familia se mudó al campo. Tuvieron que armar un refugio con láminas de plástico y trozos de madera, lo cual era incómodo e inseguro, en especial durante la época de lluvias. Construir una casa para sus padres se convirtió en el sueño de Yang.

Empezó en la gimnasia cuando tenía nueve años. Se interesó porque vio a su hermano entrenar. En la adolescencia, ya en las competencias, fue evidente que tenía talento.

En el Campeonato Mundial de 2011, Yang asombró a todos al realizar un salto de caballo nunca antes visto. Consistía en un mortal de frente con triple giro. En aquel momento, el elemento era el más difícil del mundo y el de más alta calificación en ese aparato. Lo llamaron el "Yang" porque sólo él podía hacerlo.

Un año después, en los Juegos Olímpicos de Londres, Yang se convirtió en el primer surcoreano en ganar un oro en gimnasia olímpica.

Tras su éxito, se supo la historia de la situación económica de su familia.

La gente se sorprendió. Incluso su entrenador no sabía que había vivido en tal pobreza. En respuesta, el presidente de una gran empresa donó casi 10 millones de pesos para que Yang pudiera concentrarse en su deporte y no se preocupara por el dinero. Luego, el director de una constructora se ofreció a hacer una casa para Yang y su familia. Por último, el dueño de la fábrica que produce los fideos instantáneos favoritos de Yang le ofreció fideos gratis a toda su familia por el resto de sus vidas.

"En realidad, no puedo creer lo que está sucediendo en este momento", dijo Yang, quien al fin cumplió su sueño y le dio a su familia el hogar que se merece.

YVES SAINT LAURENT

(1936–2008)

Yves creció en una hermosa casa en el mar Mediterráneo, pero sus primeros años fueron difíciles y solitarios. En la escuela, le hicieron bullying por ser gay, pequeño y tímido. Lo único que le daba alegría era la moda. Pasaba horas revisando revistas, dibujando sus diseños y haciendo vestidos para su madre y hermanas.

Yves ganó un concurso internacional cuando tenía 18 años y fue contratado por la marca más grande de la moda: Christian Dior. Se mudó a París y se lanzó de cabeza al glamuroso mundo de la moda.

Cuando su mentor murió, Yves fue empujado hacia los reflectores. Él no sabía qué hacer con la atención y los medios de comunicación no sabían qué hacer con él. Una revista escribió que era "tan horriblemente tímido que no podía apartar los ojos del suelo".

Su primera colección con la casa de moda fue un gran éxito. Las siguientes dos no, así que lo hicieron a un lado. Fue un golpe tan fuerte que Yves terminó en un hospital psiquiátrico

Entonces, Pierre Bergé lo sacó.

Los dos hombres fundaron la casa de modas Yves Saint Laurent.

El primer lanzamiento de Yves con su marca fue el vestido *Mondrian*, un vestido revolucionario y holgado, influenciado por el trabajo de artistas modernos.

Al año siguiente, Yves se inspiró en la ropa de los hombres para las prendas de mujeres. Presentó al mundo *Le Smoking*. Las mujeres fuertes de todas partes lo adoptaron como un símbolo de rebelión. Cuando no dejaron entrar a un restaurante a una celebridad de Nueva York porque estaba usando un *smoking* en lugar de un vestido, se quitó el pantalón en respuesta, resaltando lo ridículas que eran sus reglas.

"Coco Chanel liberó a las mujeres, pero Yves Saint Laurent les dio poder."

ZACHARIAS KUNUK

(NACIÓ EN 1957)

Igloolik es un pequeño pueblo inuit en Nunavut, al norte de Canadá. Es el hogar de Zacharias quien nació en una aldea cercana, en una casa construida con tierra y pasto.

A los habitantes de Igloolik dos veces les ofrecieron conexión a la televisión nacional. En ambas ocasiones se negaron porque pensaron que si aceptaban acabarían perdiendo su cultura.

Pero Zacharias estaba fascinado por las imágenes en movimiento. Tallaba animales en esteatita y los vendía para conseguir dinero y comprar boletos para el cine. En un viaje a una galería de arte en Montreal, compró una cámara de video y la llevó a Igloolik. Zacharias quería hacer un registro de su cultura. Deseaba capturar la danza tradicional *hukki*, los murales vibrantes, los trineos tirados por perros y la caza de morsas.

En 2001, Zacharias escribió y dirigió *Atanarjuat: The Fast Runner*, la primera película en el idioma nativo de inuktitut. Fue una reelaboración de la leyenda inuit que habla de un hombre obligado a huir de su aldea después de una amarga disputa. La historia está llena de romance, violencia y venganza. Es una historia que Zacharias escuchó por primera vez de su madre y una de las innumerables tradiciones que temía que se perdieran porque las religiones extranjeras, las escuelas y la televisión reemplazaron cuatro mil años de historia oral.

La película fue un éxito mundial.

Un crítico escribió: "Esta película no sólo te transporta a otro mundo, crea su propio sentido del tiempo y el espacio".

Ganó millones de dólares, fue votada como la mejor película canadiense y, lo más importante, conservó un aspecto de la cultura inuit para las generaciones futuras.

Nació en 1992 y vive en Berlín. Es autor de varios libros, entre ellos *Crezco* y *Lolito*, el cual ganó el Premio Somerset Maugham en 2015. Es autor de los bestsellers internacionales *Stories for Kids Who Dare To Be Different y Cuentos para niños que se atreven a ser diferentes.*

Es un ilustrador y artista británico. Ha trabajado para muchos clientes, incluido el periódico *The Guardian*, Walker Books, 'Googlebox', *2000AD*, Vertigo Comics, *Mojo* y la BBC. Es el ilustrador de los bestsellers internacionales *Stories for Kids Who Dare To Be Different y Cuentos para niños que se atreven a ser diferentes.*